Fritz Bilz • Seidenweber im Umbruch

Fritz Bilz

Seidenweber im Umbruch

Industriearbeit und Arbeiterschaft in Mülheim/Rhein
1848 - 1878

Die Arbeiterbewegung in den Rheinlanden

Eine Schriftenreihe herausgegeben von
Günter Bers, Fritz Bilz und Michael Klöcker

Einhorn-Presse Verlag

Die Drucklegung dieses Buches wurde gefördert vom

LVR LANDSCHAFTSVERBAND RHEINLAND
Der regionale Kommunalverband der rheinischen Städte und Kreise

„Die Arbeiterbewegung in den Rheinlanden“
Eine Schriftenreihe herausgegeben von
Günter Bers, Fritz Bilz und Michael Klöcker

Anschrift der Herausgeber:
Seminar für Geschichte der Erziehungswissenschaftlichen Fakultät
der Universität zu Köln
Gronewaldstraße 2, 50931 Köln

ISBN 3-88756-031-0

Einhorn-Presse Verlag GmbH Peter Främcke, 21465 Reinbek b. Hamburg

Printed in Germany
2001

Druck und Verarbeitung: Hundt Druck GmbH Köln

Inhaltsverzeichnis

Verhältnis von Industriearbeit und Arbeiterbewegung

Zur Einführung

Die Geschichtswerke über die Entwicklung der deutschen Arbeiterbewegung, die politischen Kämpfe und der nationalen Industrie sind mannigfaltig. Dabei wurde lange Zeit vergessen, daß die politischen und sozialen Auseinandersetzungen zumeist vor Ort geführt wurden.[1] Auch der Alltag der Menschen ist nur vor Ort erfahrbar und darstellbar und nicht in Untersuchungen über nationale oder internationale Phänomene. Es gibt inzwischen viele regional- und ortsgeschichtliche Arbeiten, die sich mit dieser Thematik befassen.[2] Die Örtlichkeit und die dort handelnden Menschen lassen sich dabei nicht reduzieren auf Ausführende vorgegebener sozialer Interessen.[3] Viele örtliche Geschehnisse, Prozesse und Handlungen einzelner Menschen beeinflussen mehr oder weniger stark die auf der nationalen oder internationalen Ebene ablaufenden Prozesse. Sie finden nicht hinter deren Rücken statt und ordnen sich auch nicht grundsätzlich unter.

Für die im vorigen Jahrhundert selbständige Industriestadt Mülheim am Rhein werden die Industrie und die Arbeiterschaft sowie ihre Zusammenschlüsse für den Zeitraum von 1848 bis 1878 dargestellt. Die zeitliche Begrenzung wird durch die Revolution von 1848 und durch das Sozialistengesetz von 1878 - eine starke Zäsur – für die Arbeiterschaft – gesetzt.

Die Begriffe „Industrie“ und „Industriearbeit“ sind im Laufe der Zeit einem Wandel unterworfen. Der englische Nationalökonom Adam Smith versteht unter „Industry“ jedes Gewerbe.[4] Im 19. Jahrhundert wurde damit in Deutschland jedes Großgewerbe unabhängig vom technischen Stand der Produktionsweise bezeichnet.[5] So gab es die

---

[1]Vgl. Engelhardt, Ulrich; „Nur vereint sind wir stark“. Die Anfänge der deutschen Gewerkschaftsbewegung, Stuttgart 1977, S.46 f.

[2]Aus den vielen Publikationen exemplarisch: Buckmüller, Jacobs, Remmers; Arbeiterbewegung und Betrieb. Beiträge zu einer anderen Geschichte Hannovers, Hannover 1996 und Lenger, Friedrich; Zwischen Kleinbürgertum und Proletariat: Studien zur Sozialgeschichte Düsseldorfer Handwerker 1816-1878, Göttingen 1986; Alberg, Hans Rudolf; Wirtschafts- und Sozialgeschichte der Stadt Trier von der Mitte des 19. Jahrhunderts bis zum Beginn des ersten Weltkriegs, Bonn 1972.

[3]Welskopp, Thomas; Klasse als Befindlichkeit, in: AfS, Bd. 38, 1998, S.312.

[4]Henning, Friedrich-Wilhelm; Die Industrialisierung in Deutschland 1800 bis 1914, 8. Auflage, Paderborn u.a. 1993, S.111 f.

[5]Ebd.

Zigarrenindustrie in der Produktionsform der Manufaktur, die Textilindustrie in der des Verlags. Gerade bei der Textilindustrie, die in Mülheim in der Mitte des 19. Jahrhunderts vorherrschend war, ist eine Trennung nach Handwerk, Gewerbe, Industrie sowie Werkstatt, Verlag, Manufaktur und Fabrik besonders schwer, da es in den Betrieben verschiedene Mischformen der einzelnen Produktionsformen und -arten gibt.[6] Für die dort auftretenden Arbeiten wird heute der Oberbegriff „gewerbliche Arbeit“ verwandt. Sie ist eine „unselbständige Arbeit, mittels derer Rohstoffe und gewerbliche Güter für den Warenverkehr produziert werden“.[7] Die gewerbliche Arbeit teilt sich auf in Handwerks- und Fabrik- (oder Industrie-) Arbeit.[8] Unter Industriearbeit versteht man heute eine maschinenorientierte Arbeit im gewerblichen Bereich, die in einer zentralen Arbeitsstätte (Fabrik, Werkstatt, Hochofen) stattfindet. Dabei ist ein Merkmal, daß der Arbeitsprozeß für die Erstellung eines Produktes in eine steigende Zahl von Arbeitsschritten aufgeteilt wird, die in eigenständigen Betriebsabteilungen oder Betrieben ausgeführt werden.[9] Aufgrund der schwierigen begrifflichen Einordnung in den Quellen des 19. Jahrhunderts wird von einem umfassenden Industriebegriff ausgegangen, der zumindest die Beschäftigten in Manufaktur und Verlag einbezieht. Gerade letzterer war im Mülheimer Seidengewerbe über den gesamten Betrachtungszeitraum stark ausgeprägt.

Bei der Schilderung der Arbeiterbewegung findet eine Eingrenzung auf die sozialistische bzw. radikaldemokratische statt.[10] Die christliche wie auch die liberale Arbeiterbewegung werden außen vor gelassen, ihre Aktivitäten waren im Betrachtungszeitraum gering.[11]

---

[6]Vgl. Borscheid, Peter; Textilarbeiterschaft in der Industrialisierung, Stuttgart 1978. S.18.

[7]Zitat nach Ritter, Gerhard A. und Tenfelde, Klaus; Arbeiter im Deutschen Kaiserreich 1871 bis 1914, Bonn 1992, S.270.

[8]Ebd, S.270 f.

[9]Diese Definition lehnt sich stark an die von Ritter/Tenfelde (s. Anm. 7), S. 273 f. gewählte an; vgl. auch Henning, Industrialisierung (wie Anm. 4), S. 111 f. und Schröder, Wilhelm Heinz; Arbeitergeschichte und Arbeiterbewegung. Industriearbeit und Organisationsverhalten im 19. und frühen 20. Jahrhundert, Frankfurt 1978, S. 276; ausführlich zum Begriff „Industrie“: Hölscher, Lucian, in Geschichtliche Grundbegriffe (GG) hrg.v. Otto Brunner u.a., Band 3, Stuttgart 1982, S.237-304.

[10]Die Charakterisierungen „sozialdemokratisch“ und „sozialistisch“ werden synonym verwandt, dies entspricht der damaligen Begrifflichkeit.

[11]Der politische Katholizismus organisierte sich in Mülheim im Herbst 1848 im Pius-

Die Quellen für diese Untersuchung fanden sich im Historischen Archiv der Stadt Köln (Bestand Bürgermeisterei Mülheim), im Rheinisch-Westfälischen Wirtschaftsarchiv Köln (Berichte der Handelskammer Mülheim am Rhein), im Haupt- und Staatsarchiv Düsseldorf (Bestand Landratsamt Mülheim, Bestand Regierung Köln), im Bundesarchiv Berlin (Stiftung Archiv der Parteien und Massenorganisationen der DDR) sowie in den verschiedenen Zeitungen aus der damaligen Zeit. Die Quellenlage aus den Archivalien wie auch zeitgenössischen Periodika muß als lückenhaft bezeichnen werden.[12] Das Kölner Stadtarchiv und das Düsseldorfer Staatsarchiv haben durch Kriegseinwirkungen beträchtliche Einbußen hinnehmen müssen.[13] Die Bewertung der meisten Quellen übersieht nicht, daß sie zumeist von Mitgliedern des bürgerlichen Lagers verfaßt wurden. Die Zeitungen waren zumeist parteigebunden bzw. parteinahe. Letzteres gilt insbesondere für die Zeit ab 1860, wo bis auf eine Ausnahme (Kölner Freie Presse) alle Zeitungen entweder liberal oder katholisch eingestellt waren. Statistiken, statistische Jahrbücher sowie amtliche Tabellen waren weitere Quellen für die Erstellung dieser Untersuchung. Die Schwierigkeit war nur, daß in dem Betrachtungszeitraum Begriffe wie Fa-

---

Verein, der in der Auseinandersetzung über die oktroyierte Verfassung im Dezember des Jahres diese ausdrücklich begrüßte (Gernert, Dörte; Lokal- und Regionalgeschichte als Aufgabe von Geschichtswissenschaft und historisch-politischer Bildung - Studien unter besonderer Berücksichtigung des Landkreises Mülheim am Rhein in der Revolution von 1848/49, Diss.masch.schr., Köln 1983, S.176 f. u. S.186), in der Reaktionszeit und dem Jahrzehnt danach beschränkte sich der Verein auf kirchliche Angelegenheiten (HSAD, Reg. Köln, Nr. 7752, S. 40-43); der im Juli 1871 gegründete katholische Gesellenverein (s. MVB v. 7.12.1872) sah seine Hauptaufgabe in „theatralischen Vorstellungen" (s. MA v. 6.2.1875) und Sportveranstaltungen (s. MA v. 27.1.1877), erst nach Gründung des katholischen Arbeitervereins Mülheim am 15.11.1885 (HAStK Ce 30/1, 1901, S.415) wurde die soziale Frage diskutiert und die Auseinandersetzung mit der Sozialdemokratie gesucht; im Jahre 1863 wird von Anhängern der Fortschrittspartei ein Arbeiter Bildungs-Verein gegründet (MVB, Nr.78, v. 29.9.1864), seine Haupttätigkeit umfasste populärwissenschaftliche Vorträge.

[12]Besonders ärgerlich dabei ist, daß Akten, die von AutorInnen noch Anfang der 80er Jahre im HAStK und HSAD eingesehen wurden, heute fehlen. Ein weiteres Hindernis war, daß die zeitgenössischen Zeitungen nicht vollständig vorhanden sind. So fehlen in der Staatsbibliothek Berlin gerade die Jahrgänge des der Revolution nahestehenden Blattes „Kreis-Blatt für Mülheim und Sieg" vom 1.1.1848-30.6.1849.

[13]So gibt es in Düsseldorf nicht zugängliche „Kahnakten", das sind Aktenbestände, die im 2. Weltkrieg auf ein Schiff ausgelagert wurden und nach Sinken desselben bis zur Unkenntlichkeit beschädigt wurden.

brikbetrieb und Industriebetrieb unterschiedlich definiert wurden und damit eine Vergleichbarkeit erschwerten.
Um die Jahrhundertwende gab es einzelne Untersuchungen, die spezielle Aspekte der Kölner bzw. rechtsrheinischen Industriegeschichte herausarbeiten; sie sind deshalb als Quelle unverzichtbar, da sie auf Unterlagen zurückgreifen konnten, die heute nicht mehr oder nur noch lückenhaft vorhanden sind.[14] Ähnliches gilt für die Arbeiten - zumeist Dissertationen - , die in den dreißiger Jahren entstanden sind.[15] Das einzige Standardwerk über die Mülheimer Geschichte ist bis heute das 1913 erschienene Buch von Johann Bendel über die Stadt Mülheim.[16]
In drei Zeitabschnitten werden die Industriearbeit in Mülheim und die zu der Zeit sich organisierende Arbeiterschaft untersucht, eingebettet in die ökonomischen und politischen Rahmenbedingungen. Die Einteilung der Abschnitte richtet sich nach ökonomischen Zeitabschnitten und Entwicklungsstufen der Arbeiterbewegung. Ausschlaggebend war dabei auch die örtliche Entwicklung. Der erste Zeitabschnitt umfaßt den Bereich bis 1850. Es ist die Phase der Frühindustrialisierung,[17] aber auch der Revolution, die in Mülheim - trotz der Nähe zu Köln -

[14]Dies gilt u. a. für die Arbeiten von Heinrich Brauns, Der Übergang von der Handweberei zum Fabrikbetrieb..., Leipzig 1906 und Paul Steller; Die Kölner Industrie, Köln 1903.

[15]Stellvertretend dafür die Arbeiten von C.Bremer; Kölns rechtsrheinische Großindustrie, von ihren Anfängen bis zur Gegenwart, Würzburg 1934 sowie von Isabella Kamp; Wirtschaftstopographie des rechtsrheinischen Köln, Köln 1931.

[16]Bendel, Johann; Die Stadt Mülheim am Rhein, Mülheim 1913, Reprint Köln 1981.

[17]Nach Werner Conze, Vom „Pöbel" zum „Proletariat". Sozialgeschichtliche Voraussetzungen für den Sozialismus in Deutschland, in VSWG, Bd. 41, 1954, S.334 wurde Deutschland erst ab 1850 von der Industrialisierungswelle erfaßt; auch Henning, Industrialisierung (wie Anm. 4), S.111 f. läßt die Industrialisierung zu dem Zeitpunkt ansetzen; ähnlich Engelhardt; Nur vereinigt (wie Anm. 1), S.38; nach Jürgen Kocka; Arbeitsverhältnisse und Arbeiterexistenzen. Grundlagen der Klassenbildung im 19. Jahrhundert, Bonn 1990, S. 64 f ist die Frühindustrialisierung in Deutschland schon 1840 abgeschlossen, ähnlich Hans-Ulrich Wehler, der die Industrialisierungsphase bis 1845 begrenzt, in: Deutsche Gesellschaftsgeschichte. 1815 bis 1845/49, München 1987, S.612 f.; für Hans Mottek ist die Frühindustrialisierungsphase schon 1835 abgeschlossen, Mottek, Zum Verlauf und zu einigen Hauptproblemen der industriellen Revolution in Deutschland, in: ders. (Hg.); Studien zur Geschichte der industriellen Revolution in Deutschland, Berlin 1960, S.63; gerade für Mülheim ist dies eindeutig zu früh, denn mit Ausnahme der Waggonfabrik van der Zypen und Charlier, die dazu noch auf Deutzer Gebiet lag, begann die Ansiedlung von Industriebetrieben, die unserem heutigen Verständnis entsprechen, erst nach 1850 (s. auch das Kapitel über die Veränderung der Industriearbeit 1850-73).

einen eigenständigen Verlauf nahm. Es folgt die Zeit der industriellen Revolution von 1850 bis 1873.[18] Für den Zeitraum bis 1878 setzt das Sozialistengesetz die Zäsur. Vom wirtschaftshistorischen Aspekt geht diese Zeit - auch als große Depression bezeichnet - bis 1896.[19]
Für den Betrachtungszeitraum soll die örtliche Industrieentwicklung mit der in Deutschland verglichen werden. Dabei stellt sich die Frage, ob die Entwicklung zeitgleich oder zeitversetzt stattfand. Es ist dazu notwendig, bestimmte ökonomische und technische Entwicklungen - wie z.B. die Ausbreitung des Eisenbahnwesens oder des Puddelverfahres in der Eisenveredelung - ausführlich darzustellen, da sie konkrete Auswirkungen auf die Mülheimer Situation hatten.
Die Berufsgruppen und Branchen, aus denen sich die Arbeiterbewegung zusammensetzte, werden herausgearbeitet. Aus welchen Bereichen kamen ihre Hauptrepräsentanten? Dies soll im Zusammenhang gesehen werden mit der Industrieentwicklung. Welchen Einfluß übte die Industriearbeit auf die Arbeiterbewegung aus und umgekehrt? Gab es Kontinuitäten oder Brüche? In der regionalen Betrachtungsweise lassen sich diese Fragen leichter beantworten. Sie können somit Hinweise, Bestätigungen aber auch Abweichungen gegenüber den Entwicklungen auf der Makroebene geben.

---

[18]Ebd., dieser Zeitraum ist - mit Ausnahme von Hans Mottek - sonst bei den Historikern unumstritten.
[19]So Hans Rosenberg in seinem Werk, Große Depression und Bismarckzeit, Berlin 1967, S.25; vgl. Kocka, Arbeitsverhältnisse (wie Anm. 17), S.64 f.; vgl. auch Wehler, Hans-Ulrich; Deutsche Gesellschaftsgeschichte. 1849-1914, München 1995, S.67 f.

Die Zeit bis 1850

Politik und Arbeitsleben

1. Politische und wirtschaftliche Rahmenbedingungen

Seit 1815 gehörte Mülheim zu Preußen. Dies war die Folge der Neuaufteilung Europas durch den Wiener Kongreß. Die Rheinlande und Westfalen wurden der preußischen Krone zugesprochen.[20] Die Verwaltungsbezirke wurden neu gegliedert. Mülheim war nun Kreisstadt im Landkreis Mülheim. 1822 wurden die verschiedenen Provinzen des Rheinlandes zu den Rheinprovinzen zusammengefaßt. Der Name „Rheinprovinz“ war ab Ende 1829 der offizielle Name für dieses Gebiet.[21] 1824 wurden die Provinzialstände eingeführt; der nun eingerichtete Provinziallandtag wurde mit den alten Ständevertretern (Fürsten, Standesherren, Ritterschaft, Städten und Bauern) beschickt.[22] Wahl- und teilnahmeberechtigt an kommunalen Entscheidungen waren nur die festansässigen, männlichen, Steuern bezahlenden Einwohner mit Grundbesitz oder einem Gewerbebetrieb. 1845 wurde die Rheinische Gemeindeordnung erlassen. Erst jetzt hatten die Kommunen ein geringes Maß an Selbstverwaltung. Die Bürgermeister und Landräte wurden weiterhin von der Regierung - in Mülheim durch den Regierungspräsidenten in Köln - eingesetzt. Die Bürger, die eine Mindeststeuerleistung erbrachten, durften nach dem Dreiklassenwahlrecht einen Teil des Gemeinde-/Stadtrates wählen. Es gab sogenannte geborene Mitglieder in der Ratsvertretung, dies waren Grundbesitzer der Gemeinde, die einen hohen Grundsteueranteil entrichteten (mindestens 50 Taler Hauptgrundsteuer).[23] Wahlberechtigt waren nur die

---

[20]Vgl. Hansen, Joseph; Von der Französischen Revolution bis zur Gegenwart, in: Aubin, Hermann u.a.; Geschichte des Rheinlandes von der ältesten Zeit bis zur Gegenwart, 1.Band, Essen 1922, S.272 ff.

[21]Schmidt, Franz; Politische Entwicklung, in: Bachem, Julius (Hg.); Zur Jahrhundertfeier der Vereinigung der Rheinlande mit Preußen, Köln 1915, S.56; vgl. Braubach, Max; Vom westfälischen Frieden bis zum Wiener Kongreß (1648-1815), in: Petri, Franz, Droege, Georg (Hrg.), Rheinische Geschichte, Bd. 2, Düsseldorf 1976, S. 349 f.

[22]Ebd. S.37 ff.

[23]Gernert, Dörte; Lokal- und Regionalgeschichte als Aufgabe von Geschichtswissenschaft und historisch-politischer Bildung - Studien unter besonderer Berücksichtigung des Landkreises Mülheim am Rhein in der Revolution von 1848/49, Diss.masch.schr.,

Männer, die einen eigenen Haushalt führten oder eine Familie hatten. Erst in den Jahren 1848/49 ermöglichte ein großzügiges Wahlrecht den Arbeitern, sich an den politischen Entscheidungen beteiligen. Das galt aber nur für den preußischen Landtag und die Frankfurter Nationalversammlung. Diese demokratische Teilhabe währte jedoch nur kurz. Der preußische Landtag wurde am 26. April 1849 durch königliche Verfügung aufgelöst. Fünf Wochen später wurde ein Dreiklassenwahlrecht für die Neuwahlen verordnet. Für die Kommunalwahlen wurde endgültig am 31. Januar 1850 dieses Zensuswahlrecht festgelegt, das bis zum November 1918 galt.[24] Somit blieb weiterhin die große Masse der Einwohner von den Entscheidungen in den kommunalen, bezirklichen und Landesvertretungen ausgeschlossen.[25]
Der preußische Staat nahm nur wenig Einfluß auf das Wirtschaftsgebaren. In einem Zollgesetz von 1818 belegte er alle ausländischen Waren mit einem ca. zehnprozentigen Aufschlag. Außerdem versuchte Preußen, seinen Wirtschaftsraum durch Zollvereinbarungen mit benachbarten Ländern zu vergrößern. Zum 1. Januar 1834 schlossen sich 18 Staaten mit rund 23 Millionen Menschen handelspolitisch zum Deutschen Zollverein zusammen.[26] Eine wichtige Aufgabe dieses Zollvereins war es, die beteiligten Länder vor der englischen Industriekonkurrenz zu schützen.
Für die Transporterleichterungen und somit den Handel war die Verkündung der Rheinschifffahrtsakte wichtig, denn damit fielen die am Rhein herrschenden Stapelrechte - u. a. in Köln - weg.[27] 1849 wurde nach Intervention der Eisen- und Textilunternehmer ein geringer Einfuhrzoll auf Leinen-, Baumwoll-, Woll- und Seidengarne sowie Roh- und Stabeisen eingeführt.[28]

Köln 1983, S.90 f.; vgl. Kocka, Arbeitsverhältnisse (wie Anm. 17), S.5.
[24]Wehler; Gesellschaftsgeschichte 1849 (wie Anm. 19), S.200 f.
[25]Die ersten Kommunalwahlen in Mülheim 1849 zeigten, daß von den Wahlberechtigten 2,8 % auf die erste Klasse, 8,9 % auf die 2. Klasse und 88,3 % auf die 3. Klasse entfielen, so KBMSLkK v. 12.7.1849.
[26]Henning; Industrialisierung (wie Anm. 4), S.89f.; vgl. Ringel, Hermann; Die bergische Wirtschaft zwischen 1790 und 1860, Opladen 1966, S.126; vgl. weiter Dunker, Clemens; Der Kapitalbedarf und seine Befriedigung bei den Kölner Unternehmungen im 19. Jahrhundert, Diss.masch.schr., Köln 1950, S.7.
[27]Dunker, Kapitalbedarf (wie Anm. 26), S.7.
[28]Pohl, Hans u.a.; Die chemische Industrie in den Rheinlanden während der industriellen Revolution, Bd. 1: Die Farbenindustrie, Wiesbaden 1983, S.20 f.; vgl. Henning, Industrialisierung (wie Anm. 4), S.216 f.

Preußen behielt die Aufhebung des Zunftzwanges durch die Franzosen zu Beginn des Jahrhunderts bei. Die dadurch ausgelöste Vermehrung der selbständigen Handwerker insbesondere in den Städten führte zu starken sozialen Problemen.[29]
Der Gründung von Aktiengesellschaften stand Preußen skeptisch gegenüber. Man befürchtete zu großen Machtzuwachs in der Hand von Bürgern und damit die Gefahr von „politischen Keimzellen".[30] Sie unterlagen deshalb dem Konzessionszwang. Geregelt wurde dies im preußischen Aktiengesetz vom 9. November 1843. Der Staat handhabte diese Regelung sehr restriktiv. So konnte der Landesherr eine Konzession jederzeit wieder entziehen.[31] Von 1800 bis 1850 wurden 80 Aktiengesellschaften gegründet, die meisten im Eisenbahnwesen.[32]In Köln entstand 1848 die erste deutsche Aktienbank, der Schaffhausensche Bankverein.[33]
Diese wenigen staatlichen Vorgaben verbunden mit technischen Neuerungen und einem insbesondere aus dem ländlichen Bereichen strömenden Potential an billigen Arbeitskräften bewirkte einen starken wirtschaftlichen Aufschwung in den dreißiger Jahren des 19. Jahrhunderts. Ähnlich wie im England des 18. Jahrhunderts entwickelte sich - um fast 100 Jahre versetzt - langsam eine kapitalistische Massenproduktion in Deutschland. Dabei war die Erfindung und Verbreitung der Dampfmaschine und der daraus entstandenen Verarbeitungsmaschinen ein Motor der wirtschaftlichen Entwicklung.[34] Bald nach Einführung der Dampfmaschine in England fand diese auch ihre Verbreitung in Deutschland. Wegen der monopolartigen Marktpolitik der Techno-

---

[29]Zu den sozialen Problemen aus diesem Phänomen siehe Kap. 2.2.1.
[30]Zitat nach Mottek, Hans; Wirtschaftsgeschichte Deutschlands, Bd. 2: Von der Zeit der Französischen Revolution bis zur Zeit der Bismarckschen Reichsgründung, Berlin 1971, S.127 f.; vgl. Wehler, Gesellschaftsgeschichte 1815 (wie Anm. 17), S.103 f.
[31]Blumberg, Horst; Die Finanzierung der Neugründungen und Erweiterungen von Industriebetrieben in Form von Aktiengesellschaften während der fünfziger Jahre des neunzehnten Jahrhunderts in Deutschland, am Beispiel der preußischen Verhältnisse erläutert, in: Mottek, Hans (Hg.), Studien zur Geschichte der industriellen Revolution in Deutschland, Berlin 1960, S.173; vgl. Wehler, Gesellschaftsgeschichte 1815 (wie Anm. 17), S.104.
[32]Wehler, Gesellschaftsgeschichte 1849 (wie Anm. 19), S.81 f.; Blumberg, Finanzierung (wie Anm. 31), S.177 gibt für diesen Zeitraum eine Zahl von 37 an, dies scheint mir etwas zu gering.
[33]Kuske, Bruno; Die wirtschaftliche Eigenart der Stadt Köln, Köln 1921, S.30.
[34]Vgl. Wehler, Gesellschaftsgeschichte 1815 (wie Anm. 17), S.70 f.

logieinhaber und der starken Restriktionen bei der Wissensübertragung auf den Kontinent geschah dies aber anfangs nur langsam. Oft wurden englische Techniker oder das Insiderwissen mit Hilfe von Industriespionage nach Deutschland geholt.[35] Die Vorteile der Dampfmaschine waren, daß die aufsteigende Industrie Antriebsmaschinen unabhängig von Wasserläufen oder Windverhältnissen aufstellen und Fabriken an verkehrsgünstigen oder an Bodenschätzen reichen Standorten ansiedeln konnte.[36]

Eine Dampfmaschine mit einer Pferdestärke war das Äquivalent der Arbeitskraft von 21 Männern.[37] 1837 gab es in Preußen 423 Dampfmaschinen mit 7513 PS. Allein im Rheinland und Westfalen waren 1843 schon 470 Dampfmaschinen in Betrieb. Ihre Antriebskraft von 13.800 PS konnte eine Arbeitskraft von 289.000 Menschen leisten.[38] 1849 gab es im Rheinland und Westfalen 651 feststehende Dampfmaschinen mit einer Leistung von 18.775 PS.[39] Insbesondere im Verkehrswesen wurde die Dampfmaschine eingesetzt. So verlängerte sich das Eisenbahnnetz in Preußen von 1839 mit 69,3 km auf 2.431,2 km im Jahre 1848.[40] Im Deutschen Bund hatte das Eisenbahnnetz 1850 eine Länge von 7.213 km.[41] Insbesondere für die Güter war die Eisenbahn wichtiges Transportmittel. Die Anzahl der Güterwagen in Preußen nahm rapide zu. Von 1.351 (1844) stieg die Zahl auf 6.825 (1850) an.[42] Von den 245 im Jahre 1842 eingesetzten Lokomotiven stammten 38 aus Deutschland, der Rest aus englischer, belgischer und amerikanischer Produktion. Aber schon 1851 kamen von den 1.085 Lokomo-

---

[35]Ebd.

[36]Vgl. Mottek; Wirtschaftsgeschichte (wie Anm. 30), S.68.

[37]Wehler, Gesellschaftsgeschichte 1815 (wie Anm. 17), S.82.

[38]Obermann, Karl; Die Arbeitermigrationen in Deutschland im Prozeß der Industrialisierung und der Entstehung der Arbeiterklasse in der Zeit von der Gründung bis zur Auflösung des Deutschen Bundes (1815 bis 1867), in: Jahrbuch für Wirtschaftsgeschichte, Berlin 1972, I., S.159; vgl. Wehler, Gesellschaftsgeschichte 1815 (wie Anm. 17), S.82.

[39]Lademacher, Horst; Die nördlichen Rheinlande von der Rheinprovinz bis zur Bildung des Landschaftsverbandes Rheinland (1815-1953), in: Petri, Franz, Droege, Georg (Hrg.), Rheinische Geschichte, Band 2, 2. Auflage, Düsseldorf 1976, S.572 f.

[40]Obermann, Arbeitermigrationen (wie Anm. 38), S.172.

[41]Kocka, Arbeitsverhältnisse (wie Anm. 17), S.69 ff.

[42]Henning, Friedrich-Wilhelm; Eisenbahnbau und Entwicklung der Eisenindustrie in Deutschland, in: Archiv und Wirtschaft. Mitteilungsblätter für das Archivwesen der Wirtschaft, 1973, Heft 1, S.10.

tiven 679 aus deutscher Produktion.[43]
Die erste Eisenbahnlinie im Kölner Raum war 1839 die Strecke Köln-Müngersdorf, 1840 bis nach Aachen verlängert. Mülheim erhielt 1845 die erste Eisenbahnlinie mit einem eigenen Bahnhof. Am 20. Dezember 1845 wurde das erste Teilstück der Cöln-Mindener Eisenbahn von Deutz über Mülheim nach Düsseldorf eingeweiht. 1846 wurde die Strecke nach Duisburg verlängert, ein Jahr später nach Minden.[44]
Neben dem Schienennetz wurden auch die Land- und Wasserstraßen ausgebaut. So wuchs das Straßennetz im Deutschen Bund von 14.774 km (1820) auf 52.975 km (1850) an, das war eine Steigerung von 350 Prozent. Die Wasserstraßen verlängerten sich im selben Zeitraum um 100 Prozent auf 2380 km. Schon um 1820 fuhren auf dem Rhein die ersten Dampfschiffe. Gab es 1843 erst 339 Dampfboote, die Düsseldorf passierten, waren es 1850 schon 3.989.[45] Durch die Einführung der Schleppschifffahrt 1840 auf dem Rhein steigerten sich die Transporte zu Wasser weiter.[46]
Ab 1820 wurde in Preußen das Postwesen verstärkt ausgebaut. Bis 1837 kamen 182 neue Schnellpoststrecken hinzu. 1845 befanden sich in Preußen 225 Postämter und 1.500 Posthaltereien. Nach der Erfindung des Telegraphen am Ende der dreißiger Jahre wurde als erste optische Telegraphenlinie 1847 die von Berlin über Mülheim/Rhein nach Köln gebaut.[47] Dies hatte positive Auswirkungen auf die Mülheimer Industrie.

---

[43]Mottek, Bd.2 (wie Anm. 30), S.173.
[44]Clasen, P.A.; Wirtschaftliche Entwicklung, in: Bachem, Julius (Hg.), Die Vereinigung der Rheinlande mit Preußen. Zur Jahrhundertfeier der Vereinigung der Rheinlande mit Preußen, Köln 1915, S.139; vgl. Herrmann, Walther; Die Industrialisierung des Verkehrs (dargestellt an der mittelrheinischen Wirtschaftsentfaltung), Jena 1940, S.26 f.; Vgl. weiter Kölner Unternehmer und die Frühindustrialisierung im Rheinland und in Westfalen (1835-1871). Katalog zur Ausstellung des Rheinisch-Westfälischen Wirtschaftsarchivs zu Köln e.V., Köln 1984, S.174 f.; vgl. auch Trapp, Martin; Untersuchungen zur Stadtentwicklung im rechtsrheinischen Köln. Die Bodenmobilität in den ländlichen Gemarkungen und ihre Auswirkungen auf die Siedlungsentwicklung, Diss.masch.schr., Köln 1980, S.72 f.; Prass, Ilse; Mülheim am Rhein. Stadtgeschichte in Straßennamen, Köln 1988, S.115 f. berichtet, daß sich Mülheimer Bürger dagegen ausgesprochen haben, aber die Fa. Andreae das Projekt massiv unterstützt habe, da es für sie einen schnellen und umfangreichen Transport ihrer Produkte ermöglichte.
[45]Wehler, Gesellschaftsgeschichte 1815 (wie Anm. 17), S.120 f.
[46]Mottek, Wirtschaftsgeschichte Bd.2 (wie Anm. 30), S.148.
[47]Wehler, Gesellschaftsgeschichte 1815 (wie Anm. 17), S.123 ff.

Schon Mitte des Jahrhunderts hatte die Stadt eine für die industrielle Entwicklung gute verkehrsgeographische Lage mit einem ausgebauten Netz sternförmig auf den Ort zulaufender Straßen, dem Rheinhafen für Schiffstransporte und der Eisenbahn als Massentransportmittel.[48]
Die sich immer stärker durchsetzende kapitalistische Produktionsweise und die damit verbundene Fabrikherstellung von Gebrauchs- und Investitionsgütern ließen immer höhere Produktionsziffern zu. Damit wurde das Wirtschaftssystem anfälliger für Krisen im konjunkturellen aber auch strukturellen Bereich über Ländergrenzen hinweg. Dies waren Krisen mit einer ganz neuen Qualität.
Eine schwere Krise - noch von der alten Agrarwirtschaft bestimmt - zeichnete sich Mitte der vierziger Jahre ab. Wegen zu knapper Ernteerträge in Jahr 1845 gab es einen ersten Preisanstieg im Lebensmittelbereich. Als sich 1846 eine nahezu vollständige Mißernte abzeichnete - es fehlten 41 Prozent des normalen Ernteertrages in Preußen - stiegen die Getreidepreise noch stärker an. Als noch die Kartoffelfäule hinzukam, stiegen die Preise um 60 Prozent.[49] Der harte Winter 1846/47 verschlimmerte die Situation. Die Preise erreichten eine Rekordhöhe. Bis Mai waren die Kartoffelpreise um 130 Prozent gestiegen. Hinzu kam eine Preisspekulationswelle, die alles noch verschlimmerte. Dies führte u.a. dazu, daß Kaufkraft für z.B. Textilwaren fehlte und so diese Sparte immer mehr zurückging.[50] Diese innerdeutschen Krisensymptome wurden Ende 1847 durch eine von London und New York ausgehende internationale Börsen- und Spekulationskrise verschärft. Massenarbeitslosigkeit, Massenelend, Hunger und Siechtum waren die Folge.[51]

---

[48] Jahresbericht der Handelskammer für den Kreis Mülheim am Rhein 1872, S.11.
[49] Wehler, Gesellschaftsgeschichte 1815 (wie Anm. 17), S.642 ff.
[50] Ebd.; Vgl. van Eyll, Klara; Wirtschaftsgeschichte Kölns vom Beginn der preußischen Zeit bis zur Reichsgründung, in: Zwei Jahrtausende Kölner Wirtschaft, Band 2: Vom 18. Jahrhundert bis zur Gegenwart, hrg. im Auftrag des Rheinisch-Westfälischen Wirtschaftsarchivs zu Köln, Köln 1975, S.255 f.; vgl. auch Zieger, Hans; Die Wohlfahrtspflege der Industriebetriebe im Kölner Wirtschaftsraum von 1815 bis 1915, Köln 1956, S.10.
[51] Siehe auch das Kapitel über die soziale Entwicklung in dem Zeitraum.

2. Anfänge der Industriearbeit

Seit Beginn des 19. Jahrhunderts setzte sich auch in Deutschland die Lohnarbeit durch, d.h. der Verkauf menschlicher Arbeitskraft als vom Markt abhängiger Ware an die Besitzer von Produktionsmitteln oder andere Unternehmer.[52] Insbesondere im sekundären aber auch im tertiären Bereich stiegen die Beschäftigtenzahlen an; der Anteil der allein von der Landwirtschaft Lebenden nahm ab. Dabei war der überwiegende Teil der im gewerblichen Sektor Tätigen in Handwerk und Verlag beschäftigt, letztere zumeist in Heimarbeit:

Jahr	**Handwerk**		**Verlag**		**Manufaktur/Fabrik/Bergbau**	
	in Mio	%	in Mio	%	in Mio	%
1800	1,1	50	1,0	45	0,1	5
1835	1,5	47	1,4	44	0,3	9
1850	1,7	45	1,5	39	0,6	16[53]

1840 arbeiteten rund 70 % der in gewerblichen Bereich Tätigen als Heimarbeiter, zumeist im Textilgewerbe.[54]Bis zur Jahrhundertmitte sank ihr Anteil ab, derjenige der im Metallsektor Arbeitenden nahm zu. Trotzdem arbeitete 1850 noch fast die Hälfte aller gewerblichen Arbeiter im Textil-/Leder-/Bekleidungsbereich in Verlag oder Manufaktur.[55]Erst ab Mitte des 19. Jahrhunderts stieg der Anteil der Fabrikarbeiter erheblich an. Er lag 1850 bei vier Prozent der gesamten Arbeiterschaft.[56]Erst jetzt entstand verstärkt aus den drei vorindustriellen Produktionsformen Handwerk, Verlag und Manufaktur die Produkti-

[52]Definition nach Wehler, Gesellschaftsgeschichte 1815 (wie Anm. 17), S.241.

[53]So nahm der Anteil der Personen, die im primären Sektor arbeiteten, von 62 % (1800) auf 55 % (1850) ab, so Henning, Industrialisierung (wie Anm. 4), S.20, vgl. Kocka, Arbeitsverhältnisse (wie Anm. 17), S.77 und S.73.

[54]Klönne, Arno; Die deutsche Arbeiterbewegung. Geschichte, Ziele, Wirkungen, Düsseldorf u.a. 1980, S.19.

[55]Der Anteil der im Textilbereich Beschäftigten am sekundären Sektor sank von 52,2 % (1800) auf 46,1 % (1850), im gleichen Zeitraum stieg der Anteil der in Metallerzeugung/Verarbeitung Tätigen von 7,6 % auf 9,4 %, so Kocka, Arbeitsverhältnisse (wie Anm. 17), S.70.

[56]Eisenberg, Christiane; Deutsche und englische Gewerkschaften. Entstehung und Entwicklung bis 1878 im Vergleich, Göttingen 1986.

onsform der Industrie mit zentralisierter und maschinisierter Fabrik. Dabei übernahm - anders als in England der Textilsektor - die Metallgewinnung und -verarbeitung die Leitfunktion.[57]
Neben Sachsen war Preußen das Land in Deutschland, wo sich die geschilderte Entwicklung am deutlichsten zeigte. So verdoppelte sich in der Zeit von 1816 bis 1846 die Zahl der Handwerker (Handwerker, Meister, Gesellen) von 400.000 auf über 800.000.[58]Den stärksten Zuwachs hatten jedoch die in Bergwerken und Fabriken Beschäftigten. Ihre Anzahl verdreifachte sich fast von über 180.000 auf ca. 555.000.[59]Aber auch für Preußen gilt, die meisten im gewerblichen Sektor Beschäftigten gab es im Handwerk und dem Verlagswesen. Dabei darf eins nicht übersehen werden: Ca. 80 Prozent der Bevölkerung Preußens lebten 1848 noch von der Landwirtschaft.[60]Der Anteil der im sekundären Sektor Arbeitenden stieg in Preußen von 11,9 Prozent (1822) auf 16,9 Prozent (1846) an.[61] Der restliche Anteil war überwiegend in der Landwirtschaft beschäftigt. Aber dies sind Durchschnittswerte, es gab Gebiete, die sehr viel weiter in Richtung Gewerbe und Industrieanfänge entwickelt waren. Das Rheinland gehörte mit einer langen handwerklichen Tradition dazu, so in Elberfeld, Remscheid, Krefeld und Aachen. Schon 1804 lebten im nördlichen Teil des Großherzogtums Berg drei Viertel der Familien vom Handwerk.[62]
Im Bergischen Land - im östlichen Teil des Rheinlandes gelegen - verdienten 1850 70 Prozent der Einwohner ihren Lebensunterhalt im sekundären und tertiären Sektor.[63]Insbesondere das Textilgewerbe

---

[57]Kocka, Arbeitsverhältnisse (wie Anm. 17), S.69 f.; vgl. Henning, Industrialisierung (wie Anm. 4), S.22 ff.

[58]Koselleck, Reinhardt; Preußen zwischen Reform und Revolution, 3. Aufl., München 1989, S.605.

[59]Ebd., diese Zahlen sind jedoch wegen des unterschiedlichen Fabrikbegriffes mit Vorsicht zu interpretieren.

[60]So Wolfgang Schieder; Die Rolle der deutschen Arbeiter in der Revolution von 1848/49, in: Klötzer, Wolfgang u.a. (Hg.); Ideen und Strukturen der deutschen Revolution 1848, Frankfurt am Main 1974, S.46 f.

[61]Conze; Vom „Pöbel“ (wie Anm. 17), S.346 ff.

[62]Boch, Rudolf; Zunfttradition und frühe Gewerkschaftsbewegung, in: Wengenroth, Ulrich (Hg.); Prekäre Selbständigkeit. Zur Standortbestimmung von Handwerk, Hausindustrie und Kleingewerbe im Industrialisierungsprozeß, Stuttgart 1989, S.52.

[63]Dowe, Dieter; Legale Interessenvertretung und Streik. Der Arbeitskampf in den Tuchfabriken des Kreises Lennep (Bergisches Land) 1850, in: Tenfelde, Klaus, Volkmann, Heinrich (Hg.); Streik. Zur Geschichte des Arbeitskampfes in Deutschland

prägte das Rheinland. Zentren dieser Branche waren Düsseldorf und Aachen, daneben noch die Gegenden um Köln und Elberfeld.[64] Neben der Baumwoll-, Leinen- und Wollverarbeitung war die Seidenweberei eine Sparte, die sich insbesondere im Krefelder, Elberfelder und Mülheimer Raum ansiedelte. Rund zehn Prozent aller Webstühle in Preußen entfielen auf die Seidenverarbeitung.[65] Im Kreis Mülheim war ein zentraler Leitsektor der Protoindustrialisierung angesiedelt, die Seidenweberei. 1800 arbeiteten zwei Drittel aller im Gewerbe Beschäftigten als Seidenweber bzw. in verwandten Berufen, das war fast ein Drittel aller Beschäftigten. 1853 waren es immer noch knapp 40 Prozent des sekundären Sektors; das war ein Viertel aller Beschäftigten.[66] Die Seidenweberei wurde von Beginn an im Heimgewerbe ausgeübt. Dies war eine Art der hausnahen bzw. häuslichen Arbeit, wie sie als

Heimweber im 18. Jahrhundert

---

während der Industrialisierung, München 1981, S.32.

[64]Lademacher, nördliche Rheinlande (wie Anm. 39), S.485.

[65]Vgl. Kocka, Arbeitsverhältnisse (wie Anm. 17), der für das Jahr 1800 einen Anteil von 12 % (S.235) und für 1861 einen von 9,5 % (S.245) angibt.

[66]Reiberg, Ludger; Die Sozialtopographie Mülheims. Ein Beitrag zur Bevölkerungsgeschichte und Stadtentwicklung, Teil 1 (bis 1850), in Rechtsrheinisches Köln, 7, Köln 1981, S.104 und S.107.

Organisationsform seit Jahrhunderten im Handwerk, im Bauernhof, als Gesinde vorherrschend gewesen ist.[67] Im 18. und beginnenden 19. Jahrhundert arbeiteten die Seidenweber noch an ihren eigenen Webstühlen, die sie in ihrem Haus aufgestellt hatten. Die Webstühle - zumeist Lyoner Stühle - waren für die Weber noch erschwinglich. Sie arbeiteten für Verleger, von denen sie die Materialien - Seidengarne - und die Aufträge bekamen. Mit diesen Stühlen konnten sie jedoch nur einfache Muster weben. Für gemusterte Stoffe wurden aber „Jacquard-Maschinen" benötigt, die aufgrund des hohen Preises für die Weber nicht mehr erschwinglich waren.[68] Sie bekamen jetzt von den Verlegern (Fabrikherren) die Materialien, die sie auf den von den Unternehmern gelieferten Stühlen nach deren Vorgaben verarbeiten mußten.[69] Nun waren die Hausweber zu Lohnarbeitern geworden, auch wenn sie sich subjektiv noch als freie Handwerksmeister fühlten. Sie waren jetzt vergleichbar mit den Manufakturarbeitern und den wenigen Fabrikarbeitern. Schon in der Zeit des Vormärz wurden deshalb die Seidenweber nicht mehr in die Handwerkertabellen aufgenommen, sondern als Arbeiter, und ihre Verleger als Fabrikanten, Manufakturherren oder Unternehmer bezeichnet.[70]
Die Seidenweber arbeiteten im Stücklohn, d.h. sie wurden für die abgelieferte Ware bezahlt. Arbeitsdauer und Arbeitstempo bestimmten die Weber somit selbst. Oft arbeiteten sie bis spät in die Nacht zusammen mit der Ehefrau und den Kindern.[71] Die Kinderarbeit war in

---

[67]Vgl. Kocka, Arbeitsverhältnisse (wie Anm. 17), S.224.
[68]Thun, Alphons; Die Industrie am Niederrhein und ihre Arbeiter. Erster Theil. Die linksrheinische Textilindustrie, Leipzig 1879, S.101 f., diese „Jacquard-Maschine", natürlich ein Handwebstuhl, hatte eine sog. Schußvorrichtung, die beliebige Muster ermöglichte, dies geschah mit Hilfe eines Systems von gelochten Pappkarten, die feine und grobe Muster ermöglichten, s. Hoth, Wolfgang; Die Industrialisierung einer rheinischen Gewerbestadt - dargestellt am Beispiel Wuppertal, Köln 1975, S.158; vgl. Schlumbohm, Jürgen; Produktionsverhältnisse - Produktivkräfte - Krisen in der Proto-Industrialisierung, in: Kriedte, Peter, Medick, Hans, Schlumbohm, Jürgen (Hg.); Industrialisierung vor der Industrialisierung, Göttingen 1977, S.212 f.
[69]V. d. Upwich, Hans; Die Geschichte und die Entwicklung der Rheinischen Samt- und Seidenindustrie, Krefeld o.D., S.111f.; vgl. Schlumbohm, Produktionsverhältnisse, (wie Anm. 68), S.212 f.; vgl. auch Adelmann, Gerhard; Die ländlichen Textilgewerbe des Rheinlandes vor der Industrialisierung, in: RhVjBl 43 (1979), S.283.
[70]Kocka, Arbeiterexistenzen (wie Anm. 17), S.288.
[71]V.d. Upwich, Geschichte (wie Anm. 69), S.111f.; vgl. Schröder, Arbeitergeschichte (wie Anm. 9), S.102 ff.

der Heimweberei weit verbreitet, sie unterlag keinen gesetzlichen Bestimmungen.[72]Ein Zeitgenosse aus Krefeld schildert die Situation bei einem Seidenweber: „Während der Meister am Webstuhl sitzt, säubert sein Weib die Kette von allen Knötchen und Unreinlichkeiten und die Kinder sitzen auf einem Schemel vor dem Spulrade und lassen durch ihre Trittbewegungen die Fäden von der großen Bobine auf die kleinen Spulen ablaufen, die in dem Schiffchen befestigt werden, mit welchem der Vater durch die Kettfäden schießt.“[73]

In der Textilindustrie gab es durchaus auch eine Industrialisierung, d.h. die Einführung von Maschinenstühlen (sog. mechanische Stühle). Diese Technisierung geschah jedoch stufenweise, das heißt zeitverschoben. Zuerst wurde die Spinnerei, dann die Weberei erfaßt. Dort zuerst bei Leinen und Baumwolle, zuletzt bei Samt und Seide. Dies lag auch daran, daß die Rohseide zu wertvoll war für Experimente mit dem Maschinenbetrieb. Die Handweberei ermöglichte eine schonendere Behandlung des Materials. Erst ab den 1860er Jahren wurde bei der Samtproduktion die mechanische Weberei eingeführt.[74]

Bis zur Jahrhundertmitte stieg die Anzahl der Seidenwebstühle in Preußen an, dabei waren die meisten im Rheinland stationiert.[75]

Mülheim hatte eine lange Seidenwebertradition. Schon 1714 zogen zehn protestantische Kaufleute von Köln nach Mülheim, weil die engen Kölner Zunftzwänge sie an der Ausweitung und Modernisierung ihrer Produktionsmethoden hinderten. Darunter waren auch vier Textilunternehmer.[76] Christoph Andreae entwickelte sich zum größten Unternehmer in Mülheim. Der Herzog von Berg hatte ihn mit dem

---

[72]Auch nicht nach 1839, als ein Gesetz die Kinderarbeit einschränkte. Dieses galt ausdrücklich nicht für die Heimindustrie.

[73]Zitiert nach Thun, Industrie (wie Anm. 68), S.109.

[74]Ulrich, Jochem; Industrie und Gesellschaft am Niederrhein. Soziale Entwicklungen im industriellen Umbruch. Die Anpassungskrise in der niederrheinischen Textilindustrie dargestellt am Gebiet der heutigen Stadt Viersen 1890-1913, Köln 1986, S.11; vgl. Kocka, Arbeitsverhältnisse (wie Anm. 17), S.245; vgl. auch Brauns; (wie Anm. 14), S.12 f.

[75]Die Höchstzahl war im Betrachtungszeitraum 1843 mit 16.911 erreicht, wovon allein 14.274 in der Rheinprovinz standen, davon 13.651 im Regierungsbezirk Düsseldorf, so das Statistische Jahrbuch für 1847, hrg. v. Karl August Müller, Leipzig 1848, S.142; vgl. Viebahn, Georg von; Statistik des zollvereinten nördlichen Deutschlands, 1.Teil, Berlin 1858, S.181.

[76]Thimme, Hermann; Geschichte der Firma Christoph Andreae in Mülheim am Rhein 1714-1914, Köln 1914, S.8.

Steuerprivileg gelockt, damit war eine 25-jährige Befreiung von der Gewinn- und Gewerbesteuer sowie von allen Kriegs-, Personal- und Reallasten verbunden. Im Prinzip wurde dies bis in das 19. Jahrhundert verlängert.[77] 1720 ließ Andreae die ersten vier sog. Linthäuser errichten. In ihnen standen rund 30 fabrikeigene Webstühle, an denen angestellte Weber arbeiteten. Außerdem ließ Andreae in Heimarbeit Seidenstoffe weben. Somit bestand bei ihm schon im 18. Jahrhundert ein Mischsystem mit angestellten Fabrik- und Verlagsarbeitern.[78] Schon im 18. Jahrhundert ließ er eine fabrikeigene Färberei bauen, um diesen Arbeitsgang auch zentral durchführen zu können.[79] In der Mitte des Jahrhunderts arbeiteten schon 500 Weber für Andreae, 1785 waren es schon rund 1.500 - zumeist Heimweber - die über den ganzen Kreis verteilt waren. Andreae war damals der größte Unternehmer im Herzogtum Berg.[80] In der Stadt Mülheim wurden hauptsächlich die teuren Seidenstoffe hergestellt, in den ländlichen Gegenden die billig-

[77]Ebd., S.10 und S.42.
[78]Ebd., S.11.
[79]Ebd.
[80]Hermanns, Heinz; Die Handelskammer für den Kreis Mülheim am Rhein (1871-1914) und die Wirtschaft des Köln-Mülheimer Raumes, hrg. vom Rheinisch-Westfälischen Wirtschaftsarchiv zu Köln, Köln 1969, S.61; vgl. Ritter, Hermann; Alte rheinische Fabrikantenfamilien und ihre Industrien, Köln 1920, S.59 f.

gen Florettbänder, die zum Teil aus Abfallseide - sog. Chappe - und mit Baumwolle vermischt hergestellt wurden. 1800 arbeiteten ca. 2.000 Weber bei Andreae, davon aber nur rund 250 in der Stadt selbst.[81] Insgesamt waren in dem Jahr 275 Arbeiter in der Mülheimer Seidenindustrie beschäftigt, das waren zwei Drittel aller gewerblichen Arbeiter und ein Drittel aller Beschäftigten.[82]

Die Zahl der Webstühle in Mülheim stieg von 150 (1819) auf 398 (1850) an.[83] Dabei gab es in der ersten Jahrhunderthälfte bis zu fünf Seidenwebereien in Mülheim, 1850 gab es nur noch die Betriebe:

Christoph Andreae, gegr. 1714, mit 288 Webstühlen in Mülheim

Johann Peter Steinkauler, gegr. 1718, mit 100 Webstühlen in Mülheim

Wedemeyer und Hölterhoff, gegr. 1843, mit 10 Webstühlen in Mülheim.

Goldenberg u. Seiffert, erste Erwähnung 1850.[84]

Die beiden kleinen Anfang des Jahrhunderts gegründeten Seidenwebereien Graf und Neu mit jeweils zwei Seidenwebern in Mülheim stellten in den 40er Jahren ihren Betrieb ein.[85]

Die meisten Beschäftigten waren sog. Seidenwebermeister, nur zehn Prozent waren Gehilfen und Lehrlinge. Das Gesellenwesen war in der rheinischen Seidenindustrie nicht stark ausgeprägt.[86] 1846 waren 35, 1849 38 sonstige Arbeiter in den drei Mülheimer Seidenfabriken beschäftigt, das waren die Färber, Scherer und Winder.[87] Diese Arbeit wurde, da weniger qualifiziert, zunehmend von Frauen ausgeführt.[88] Dies geschah in den Fabrikräumen. Die Hauptarbeit war das „Winden“: das Erstellen der großen als Bobinen bezeichneten Seidenspulen. Dann mußte die Kette produziert werden. Das war die Anrichtung der gesamten längslaufenden Fäden, der Kettfäden, die in der

---

[81]Thimme, Geschichte (wie Anm. 76), S.49; vgl. auch v.d. Upwich, Geschichte (wie Anm. 69), S.87; vgl. weiter Reiberg, 1 (wie Anm. 66), S.103.

[82]Reiberg, 1, (wie Anm. 66), S.104.

[83]HAStK, Best. 870/363 o.P.; weiter HAStK,Best. 870/1865/14.

[84]Ebd.; s. auch Reiberg, 1 (wie Anm. 66), S.82.

[85]HAStK, Best. 870/363 o.P.

[86]V.d. Upwich, Geschichte (wie Anm. 69), S.111 f.

[87]Gewerbetabelle der Fabrikations-Anstalten und Fabrik-Unternehmungen aller Art in sämmtlichen Staaten des Zoll-Vereins nach den Aufnahmen im Monat Dezember 1846, o.O. und o.D., S.208 f. und Tabellen und amtliche Nachrichten über den Preussischen Staat für das Jahr 1849, hrg. v.d. statistischen Bureau zu Berlin, Bd. VI, Berlin 1855, S.756 f.

[88]Brauns, Übergang (wie Anm. 14), S.20 f.

richtigen Reihenfolge und Anzahl angeordnet werden mußten, je nach Breite und Muster des gewünschten Seidenstoffes oder Bandes. Auch dies geschah in den Fabrikräumen und wurde „Scheren“ oder „Zetteln“ genannt.[89] Die fertigen Kette wurde dann gerollt und dem Seidenweber geliefert, der damit die Maschine einrichten mußte. Je nach Kette und Muster war dieses Einrichten eine zeitraubende Arbeit. Bei einfachen glatten Stoffen nahm das mehrere Stunden in Anspruch. Bei komplizierten Stoffen und Mustern konnte es mehrere Tage dauern.[90] Da die Weber im Stücklohn arbeiteten, gab es oft Streit um die Bezahlung des Vorrichtens. Anfangs, bei Einführung der Jacquardmaschine, wurde dies noch bezahlt. In den 30er und 40er Jahren dann nicht mehr. Ab Mitte der 40er Jahre wurden diese Kosten wieder übernommen, in Zeiten von Konjunktureinbrüchen aber wieder eingespart.[91]Im Gegensatz zum deutschen Trend nahm die Zahl der in Mülheim beschäftigten Seidenweber/-arbeiter von 275 (1800) auf 638 (1853) zu.[92] Diese Entwicklung lief synchron mit der in der Rheinprovinz.[93]

Während am Anfang des Jahrhunderts das Nahrungsmittelgewerbe die zweitstärkste Beschäftigungssparte war,[94] wurde sie zur Mitte des Jahrhunderts durch die Tabaksproduktion abgelöst.[95] Dieser Zweig der Manufakturarbeit hatte sich nach der Franzosenzeit in Mülheim etabliert. Die erste in Mülheim erwähnte Manufaktur nach 1815 ist der 1817 genannte „Großbetrieb“ von Johann Heinrich Carstanjen. Er beschäftigte 6 Arbeiter und 12 Kinder. Auch 1818 wurde dieser als einziger Großbetrieb im Tabakgewerbe Mülheims erwähnt. So war es auch noch 1834. In den 50er und 60er Jahren tauchte dieser Betrieb

---

[89]Ebd.

[90]Emsbach, Karl; Die soziale Betriebsverfassung der rheinischen Baumwollindustrie im 19. Jahrhundert, Bonn 1982, S.154.

[91]V.d. Upwich, Geschichte (wie Anm. 69), S.155.

[92]Reiberg, 1 (wie Anm. 66), S. 104 und 109.

[93]Siehe Anm. 75.

[94]Im sekundären Bereich mit 16,1 % (67 Beschäftigte), Reiberg, 1, (wie Anm. 66), S.104.

[95]Die von Reiberg an 2. Stelle genannten Tagelöhner beinhalten Wäscherinnen und Näherinnen, die schon im tertiären Bereich aufgeführt wurden, somit Doppelnennung; tatsächlich sind die Tabakarbeiter mit ca. 16 % (288 Beschäftigten) diejenigen an der zweiten Position, Reiberg, 1, (wie Anm. 66), S.109 und 111, vgl. Bilz, Fritz; Arbeit, Kampf und Tabaksqualm. Der Kölner Zigarrenarbeiter Peter Gerhard Röser. 1814-1865, Hamburg 1995, S.39 f.

nicht mehr auf.[96]
Schon während der französischen Besatzung, aber auch zu Beginn der Preußenzeit hatten Kölner Tabakfirmen in Mülheim eigene Betriebe gegründet. Anfangs - bis ca. 1830 - traten diese Betriebe auch in Konkurrenz zu den Kölner Manufakturen. Aber nach Umstrukturierung des Kölner Gewerbes in Richtung Zigarrenmanufaktur blieben die Mülheimer bei Strang-, Kau- und Schnupftabak.[97] Insbesondere der gesponnene Tabak (für Pfeifen) galt bis zu den siebziger Jahren als Mülheimer Spezialität.[98] So findet man in den Adreßbüchern in Mülheim zumeist den Begriff Tabakfabrik, nur vereinzelt den der Zigarrenfabrik.[99]Hauptsächlich wurden bei den Mülheimer Tabakmanufakturen Rohtabake aus der Pfalz und aus Holland verarbeitet.[100] Im Jahre 1853 waren insgesamt 288 Arbeiter im Mülheimer Tabakgewerbe beschäftigt, davon 213 in Manufakturen oder Fabriken.[101] Größter Betrieb war damals die schon 1817 erwähnte Tabakfabrik Paulus Hammerschmidt, Freiheitsstraße 175. Sie beschäftigte 103 Arbeiter, davon 26 Kinder unter 14 Jahren.[102]
Bis 1850 siedelten sich in der Stadt Mülheim noch folgende „Industriebetriebe" an:
1829 die Rheinische Maschinenleder u. Riemenfabrik Abraham Cahen, Leudesdorff u. Co. Anfangs produzierte der Betrieb Sohl- und Oberleder für Schuster. Ab 1842 kamen Ledertreibriemen für Maschinen hinzu. Ab Mitte des Jahrhunderts entwickelte sich der Betrieb zum führenden Hersteller von Treibriemen und lederner Bergmannskleidung.[103]

---

[96] Kermann, Joachim; Die Manufakturen im Rheinland 1750-1833, Bonn 1972, S.511.
[97] Hermanns, Handelskammer (wie Anm. 80), S.77.
[98] Ebd., S.78.
[99] Adreßbücher für Köln, Deutz und Mülheim am Rhein sowie Umgebung Kölns hrsg. v. Wilhelm Greven (1855) sowie E.Kluge (1857, 1859, 1862, 1863).
[100] Hermanns, Handelskammer (wie Anm. 80), S.109.
[101] Reiberg, 1 (wie Anm.66), S.113.
[102] Ebd., S.109.
[103]Bendel, Mülheim (wie Anm. 16), S.419 f.; vgl. Aders, Gebhard; Die Entwicklung der Besiedlung und die Änderung der Flächennutzung im rechtsrheinischen Kölner Raum 1800 bis 1870, in: Rechtsrheinisches Köln, 22, Köln 1996, S.63; vgl. auch Hermanns, Handelskammer (wie Anm. 80), S.81.

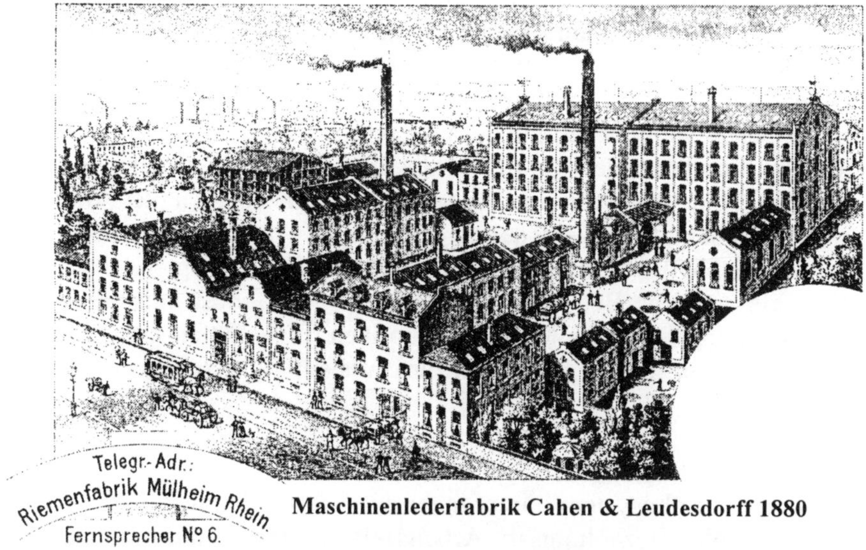

Maschinenlederfabrik Cahen & Leudesdorff 1880

Anfang der 40er Jahre kamen die Lackwaren und Firnisfabrik Wolff-Rosa und die Porzellan- und Tonwarenfabrik Schöffel und Co. hinzu. Während ersterer Betrieb noch in den 60er und 70er Jahren existiert, ist die Tonwarenfabrik nicht mehr nachweisbar.[104] Die Firnis- und Lackfabrikation erfolgte zumeist in Kleinbetrieben, Belegschaftsstärken von über sechs Beschäftigten waren eher die Ausnahme.[105]Gegen Ende des Jahrzehnts siedelte sich noch die Fabrik für feuerfeste Steine Peter Chr. Forsbach & Cie an, die im ersten Jahr schon mit 35 Arbeitern produzierte.[106] Sie profitierte von den vielen neuen Wohn- und Industriebauten, die in Mülheim und den benachbarten Orten Deutz und Kalk errichtet wurden.

Im benachbarten Industrieort Deutz wurde am 1. Januar 1845 nahe an der Grenze zu Mülheim die Eisenbahnwagen- und Maschinenfabrik van der Zypen und Charlier gegründet. Sie hatte im ersten Jahr schon 100 Arbeiter. Da im Gründungsjahr keine deutschen Fachkräfte zu

---

[104]KBMS v. 1.6.1843, 8.9.1844 und u.a. MKB v. 2.5.1869.

[105]Amendt, Hans; Die inner- und außerbetriebliche Lage der Arbeitnehmer in der Glas-, Papier-, Zucker- und chemischen Industrie der Regierungsbezirke Köln, Düsseldorf und Aachen zur Zeit der frühen Industrialisierung (ca. 1800-1875), Bonn 1975, S.116; vgl. Pohl, Industrie (wie Anm. 28), S.86.

[106]Zieger; (wie Anm. 50), S.17.

bekommen waren, wurden ausschließlich belgische Facharbeiter eingestellt. Schon zwei Jahre später arbeiteten in der Fabrik 200 Arbeiter, darunter auch Einwohner von Mülheim.[107] Der Betrieb, der mit einer Dampfmaschine von 45 PS begann, hatte eine Schmiede, Schlosserei, Schreinerei, Stellmacherei und Lackiererei.[108]

Zur Jahrhundertmitte war die Mülheimer „Industrie“ noch einseitig auf die Seidenweberei und Tabakmanufaktur ausgerichtet, die zusammen über 50 Prozent der Arbeiter in den Mülheimer Gewerben beschäftigten, das waren über ein Drittel aller Beschäftigten.[109]

Die klassischen Betriebe, die Träger der Industrialisierung in Deutschland waren, die Maschinenfabriken, Eisenhütten usw., fehlten in Mülheim in diesem Zeitraum. Ihre Ansiedlung geschah erst in der Zeit von 1850-1873.

3. Arbeitsbedingungen

Da sich das Lohnsystem immer mehr durchsetzte, ist die Aussage über die Lohnhöhe, Bezahlungsart, Arbeitszeiten, Kinder- und Frauenarbeit sowie die Regelung der Streitigkeiten zwischen Unternehmer und Arbeiter ein wichtiges Kriterium für die Beurteilung der Industriearbeit in Mülheim. Spezifizierte aber auch allgemeine Aussagen über die Löhne in der ersten Hälfte des 19. Jahrhunderts sind auf Grund der Quellenlage sehr schwierig. So schwankten die Nominallöhne (und auch die Reallöhne), sie wiesen aber für diese Zeit keine steigende Tendenz auf. Ab 1830 sanken die Reallöhne aufgrund der Unterbeschäftigung und der fehlenden Arbeitsstellen bis an das, aber auch unter das Existenzminimum.[110] Dieses wurde nur erreicht, wenn es keine Unterbrechungen durch Krankheit oder Arbeitslosigkeit gab.[111]

---

[107] Dies zeigt der Bericht im KBMS. v. 13.1.1850 über einen Arbeitsunfall mit Todesfolge für den jungen Mülheimer Arbeiter Joseph Kaiser.

[108] Wefelmeier, H.J.: Die geschichtliche Entwicklung der Kölner Maschinenindustrie, Gummersbach 1932, S.15; vgl. Porteck, Renate; Eisenbahnwagenbau und Waggonfabrik van der Zypen & Charlier zu Deutz, in: Rechtsrheinisches Köln, 9/10, Köln 1983/84, S.57, 63 und 69.

[109] Reiberg, 1 (wie Anm. 66), S. 108, dabei sind die Zahlen (Seidenweberei 34,5 %, Tabakverarbeitung 15,5%) vorsichtig zu beurteilen, siehe auch Anm.93 und die Anmerkungen im Vorwort zu den quantitativen Aussagen der Quellen.

[110] Vgl. Wehler, Gesellschaftsgeschichte 1815 (wie Anm.17), S.245 ff.; vgl. auch Amendt, Lage (wie Anm. 105), S.546.

[111] Ebd.

Anfang des Jahrhunderts herrschte noch der Wochenlohn als Zeitlohn vor, so konnten die Unternehmer mit Hilfe der täglichen Arbeitszeiten die Löhne selbst festsetzen. Durch die Verlängerung wurde die Lohnhöhe gesenkt.[112] Im Textilgewerbe herrschte der Stücklohn vor.
Die Hochverdienstphase lag beim männlichen Arbeiter in der Zeit vom 20./25. bis zum 40./45. Lebensjahr. Die Zeit davor und danach war die Niedriglohnphase.[113] Aus zeitgenössischen Untersuchungen sind einzelne Lohnhöhen bekannt. So verdiente im Kreis Mülheim 1818 ein Handlanger täglich 7 Sgr. (Silbergroschen), ein Tagelöhner 9 Sgr. und ein Maurer bzw. Zimmergeselle 11-13 1/3 Sgr.[114] Im Jahre 1848 lag der Tagelohn eines Manufakturarbeiters im Kreis bei 9 Sgr., das reichte für ein achtpfündiges Schwarzbrot.[115] Der Bedarf für eine 5-köpfige Familie lag in Preußen 1846 bei 174 Talern im Jahr,[116] 1850 im Bereich der Regierung Köln bei 210 Talern, dabei wurden 135 Taler für Nahrung und 15 Taler für Kleidung benötigt.[117] Erreicht wurde dieser Betrag nur, wenn der Arbeiter mindestens 300 Tage im Jahr Arbeit hatte und er zu den Spitzenverdienern als Maurer, Gerber oder Gummiarbeiter gehörte. Das Gros der Arbeiter verdiente jedoch nur 80 bis 100 Taler jährlich.[118] Somit war die Mitarbeit aller Familienmitglieder zum Überleben zwingend notwendig. Seit Beginn des Jahrhunderts nahm die Frauen- und Kinderarbeit immer mehr zu. Das hatte aber auch die negative Auswirkung, daß diese Bevölkerungsgruppe zur Lohndrückerei benutzt wurde.[119] Der Lohn der Frauen lag bei ca. 50 Prozent des Männerlohns, derjenige der Kinder schwankte zwischen 10 Prozent und dem Lohn der Frauen.[120] Insbesondere im

---

[112] Schröder, Arbeitergeschichte (wie Anm. 9), S.200.

[113] Wehler, Gesellschaftsgeschichte 1849 (wie Anm. 19), S.145 f.

[114] Zitiert nach einer Statistik von 1818 abgedruckt in: Kuczynski, Jürgen; Die Geschichte der Lage der Arbeiter unter dem Kapitalismus, Bd. 1, S, 364.

[115] So Dörte Gernert, Lokal- und Regionalgeschichte (wie Anm. 23), S.79.

[116] Aus einem zeitgenössischen Bericht, zitiert nach Kuczynski, Geschichte 1 (wie Anm. 114), S.329.

[117] Kellenbenz, Hermann; Wirtschafts- und Sozialentwicklung der nördlichen Rheinlande seit 1815, in: Petri, Franz, Droege, Georg (Hrg.), Rheinische Geschichte, Band 3, Düsseldorf 1979, S.66 f.

[118] Ebd.

[119] Puppke, Ludwig; Sozialpolitik und soziale Anschauungen frühindustrieller Unternehmer in Rheinland-Westfalen (Schriften zur rheinisch-westfälischen Wirtschaftsgeschichte 13), Köln 1966, S.17.

[120] Kellenbenz, Wirtschaftsentwicklung (wie Anm. 117), S.66.

Textil- und im Tabakgewerbe wurden Kinder als billige Arbeitskräfte eingesetzt.[121] Trotz Einführung der allgemeinen Schulpflicht mit der Kabinettsorder vom 14. Mai 1825 in der Rheinprovinz mußten viele Kinder arbeiten. Auch eine Circular-Verfügung von 1827 mit der Aufforderung zur strengen Überwachung der Schulpflicht und Androhung von Strafen änderte daran nicht viel.[122]Mit Hilfe des „Regulativs über die Beschäftigung jugendlicher Arbeiter in Fabriken“ vom 9. März 1839 wurde die Kinderarbeit in Fabriken, Hütten und Pochwerken für Kinder bis zum 9. Lebensjahr verboten und die Arbeit für Jugendliche bis zum 16. Lebensjahr auf 10 Stunden täglich begrenzt. Außerdem wurde für jugendliche Arbeiter als Vorbedingung ein dreijähriger Schulbesuch vorgeschrieben.[123]Aber davon waren die in Heimarbeit beschäftigten Kinder nicht betroffen. Gerade die Seidenweberei und die Tabakverarbeitung geschahen in Heimarbeit und fielen somit nicht unter dieses Gesetz. Auch der Schulbesuch änderte sich nicht signifikant, dies zeigen viele Berichte.[124]

Die Zahlen über Kinderarbeit in Mülheim sind spärlich. 1846 waren 45 Prozent der Arbeiter in den Tabaksfabriken unter 14 Jahren, 1853 war der Anteil 24 Prozent. In den Seidenfabriken lag der Anteil bei 10,3 Prozent.[125]

Die tägliche Arbeitszeit lag bei Kindern, Frauen und Männern gleich.

---

[121]Bei der Heimweberei wurden die Kinder beim Säubern der Kette und beim Spulen eingesetzt (s. v.d. Upwich, Anm. 69, S.111 f.), bei der Tabakverarbeitung für das Fermentieren, Entrippen und Verpacken (s. Bilz, Arbeit, wie Anm. 95, S.25 f.).

[122]Amendt, Lage (wie Anm. 105), S.168 ff.

[123]Amendt, Lage (wie Anm. 105), S.170; vgl. Lademacher, Rheinlande (wie Anm. 39), S.535.

[124]In einem Zeitungsbericht von 1846 an die Regierung Köln schreibt der Landrat, „Der Schulbesuch ist nach den eingezogenen Erkundigungen im Allgemeinen jetzt ziemlich regelmäßig, wo er mangelhaft ist, liegt die Schuld meistens in der Dürftigkeit der Eltern, die ihre Kinder anderweitig zu ihrem Lebensunterhalt beschäftigen. Dieses ist insbesondere auch noch in Mülheim bei den Fabrikkindern der Fall. Durch die beiden hier tätigen Schulpfleger wird auf die Abstellung dieses Übelstandes möglichst hingewirkt.“ (HSAD, Reg. Köln, Nr.330, S.92; nach einem Bericht von Harkort zu Beginn der 40er Jahre gingen in Aachen nur 37 % der Schulpflichtigen zum Unterricht, während die anderen größtenteils arbeiten mußten (zitiert nach Kuczynski, Geschichte 1 wie Anm. 114, S.232).

[125]Zahlen nach der Gewerbetabelle der Fabrikations-Anstalten und Fabrik-Unternehmungen aller Art in sämmtlichen Staaten des Zoll-Vereins nach den Aufnahmen im Monat Dezember 1846, o.O. und o.D., S.208 f.; HAStK, Best. 870/1865, S.187; vgl. Reiberg, 1 (wie Anm. 66), S.113; vgl. auch Bilz (wie Anm. 95), S.40.

Um 1800 im Rheinland 10 bis 12 Stunden täglich, um 1820 11 bis 14 Stunden und um 1850 14 bis 16 Stunden bei sechs Tagen in der Woche.[126] Im Textilbereich war dies eine 90 Stunden-Woche.[127]
Insbesondere im Textilbereich war das Trucksystem, d.h. die Bezahlung mit Waren, weit verbreitet. Schon 1837 gab es eine erste Initiative, die Warenzahlung einzuschränken. Dies wurde jedoch vom preußischen König abgelehnt.[128] Ein weiterer Vorstoß der rheinischen Provinzialstände, das Trucksystem unter Androhung von Strafe zu verbieten, scheiterte 1843. Da der Oberpräsident der Rheinprovinz dies ablehnte, dauerte es noch bis 1846, bis eine erste Einschränkung durch preußische Kabinettsorder herbeigeführt wurde.[129] Den Unternehmen wurden nun der Betrieb des Schankgewerbes und der Handel mit Getränken untersagt. 1848 wurde das Trucksystem mit einigen Ausnahmeregelungen verboten. Die königliche Verordnung vom 9. Februar 1849 schrieb in den Änderungen zur Gewerbeordnung eine Verpflichtung zur Auszahlung des Lohns in Bargeld fest.[130] Den Arbeitern konnten jedoch weiterhin „Wohnung, Feuerungsbedarf, Landnutzung, regelmäßige Beköstigung, Arzneien, ärztliche Hilfe, Werkzeuge und Stoffe ... verabreicht werden.“[131] So konnten auch die von den beiden Seidenunternehmen Andreae und Steinkauler eingerichteten Fabrikkassen - eine der frühesten betrieblichen Sozialeinrichtungen - weiterbestehen, deren Beiträge von den Arbeitereinkommen einbehalten wurden. Verließ ein Arbeiter das Unternehmen, waren seine Ansprüche erloschen.[132]
Bei Streitfällen zwischen Unternehmern und Arbeitern im rechtsrheinischen Rheinland unterlag dem Bürgermeister die Entscheidung. Ab Mitte der 1830er Jahre übernahmen Friedensgerichte diese Aufgabe.

---

[126]Schröder, Arbeitergeschichte (wie Anm. 9), S.193; Vgl. Pohl u.a., Industrie (wie Anm. 28), S.128; vgl weiter Wehler, Gesellschaftsgeschichte, 1849 (wie Anm. 19), S.145 f.; für den Textilbereich Emsbach, Betriebsverfassung (wie Anm. 90), S.462.
[127]Ebd.
[128]Amendt, Lage (wie Anm. 105), S.304.
[129]Emsbach, Betriebsverfassung (wie Anm. 90), S.195.
[130]Ebd.; vgl. Amendt, Lage (wie Anm. 105), S.304; vgl. auch Schindlmayr-Reyle, Jutta; Die Arbeiterbewegung in der Rheinprovinz 1850 - 1862, Diss.masch.schr., Köln 1969, S.199 f.
[131]Zitat nach Amendt, Lage (wie Anm. 105), S.305.
[132]Zu der Gesamtproblematik der betrieblichen Sozialpolitik Puppke; Sozialpolitik (wie Anm. 119), S.58 ff.

Durch die Gewerbeordnungen von 1845 und 1869 konnten besondere Behörden zur Konfliktregelung errichtet werden. Erst 1858 wurde in Mülheim ein Gewerbegericht eingerichtet. Bis zu dem Zeitpunkt waren die Gemeindebehörden und die Ortspolizei dafür zuständig. Diese waren jedoch hoffnungslos überfordert und entschieden zumeist unternehmerfreundlich.[133]

Soziale Situation und Arbeiterprotest

1.Soziale Entwicklung

Die Bevölkerungsentwicklung in der ersten Hälfte des Jahrhunderts, insbesondere das starke Anwachsen und die Landflucht, machte sich auch in Mülheim bemerkbar, immer mehr Menschen suchten Arbeitsplätze. Auf dem Gebiet des Deutschen Reichs (in den Grenzen von 1871) lebten 1800 23 und zur Jahrhundertmitte 35 Millionen Menschen. Dies bedeutet eine Steigerung von 52,2 Prozent.[134] In den Industriezentren bzw. den Orten, wo sich protoindustrielle Betriebe befanden oder ansiedelten, stieg die Bevölkerungszahl deutlich stärker an. So wuchs Mülheim im gleichen Zeitraum um 97,7 Prozent an, das heißt die Bevölkerungszahl verdoppelte sich fast von 2985 auf 5901 Einwohner.[135] Der stärkste Wachstumsschub sollte jedoch erst noch kommen.[136]In der Rheinprovinz stieg in der Zeit von 1816 bis 1849 die Bevölkerungszahl um 59 Prozent,[137] etwas geringer lag der Anstieg im Regierungsbezirk Köln mit 52,6 Prozent, Mülheim hatte dabei neben Deutz den stärksten Anstieg von 56,7 Prozent.[138]Dieses überdurchschnittliche Wachstum war die Folge der Landflucht und deren Konsequenz, der Verstädterung. Ihr Höhepunkt lag jedoch erst im Kaiserreich.
In Folge der Bauernbefreiung - im Rheinland in der Zeit der französischen Besatzung eingeführt - gab es verstärkt durch den Geburten-

---

[133]Amendt, Lage (wie Anm. 105), S.305.
[134]Kocka, Arbeitsverhältnisse (wie Anm. 17), S.37.
[135]Zahlen nach HAStK,Best.870/363 o.P.
[136]Siehe auch den Abschnitt über Mobilität und Städtewachstum (1850-1873).
[137]Errechnet nach Kocka, Arbeitsverhältnisse (wie Anm. 17), S.41 f.
[138]Köllmann, Wolfgang; Pauperismus in Rheinland-Westfalen im Vormärz, in: Düwell, Kurt und Köllmann Wolfgang (Hg.), Rheinland-Westfalen im Industriezeitalter, Band 1, Von der Entstehung der Provinzen bis zur Reichsgründung, Wuppertal 1983, S. 150.

überschuß eine ländliche Überbevölkerung, die nicht mehr über genügend eigenen Boden oder Arbeitsstellen in der Landwirtschaft zur Existenzsicherung verfügte. Beim Anerbenrecht fanden die Nachgeborenen kein Auskommen und bei Realteilungsrecht wurde der väterliche Betrieb in Kleinstparzellen aufgesplittert.[139]So gab es im Rheinland in den 40er Jahren über 450.000 Kleinbauern mit weniger als fünf Morgen Land, sie machten 80 Prozent aller landwirtschaftlichen Betriebe aus.[140] Diese Land reichte nicht zur Existenzsicherung einer Familie aus. Durch die Intensivierung der Agrarwirtschaft (Fruchtwechsel, Düngung, Technisierung) wurde auch in den größeren Betrieben weniger Personal benötigt.

Die ländliche Arbeiterschaft strömte in die Städte, ein Teil wanderte aus.[141] Hauptsächlich war es die Nahwanderung, die den Bevölkerungszuwachs in den Städten bewirkte. Einen Teil konnte die beginnende Industrialisierung - hauptsächlich die Protoindustrie - auffangen. Ein weiterer Teil der ländlichen Überbevölkerung wurde im ansteigenden Eisenbahn-, Straßen- und Wasserstraßenbau beschäftigt.[142]Dies galt insbesondere im Rheinland und speziell in der Gegend um Köln. Die zusätzlichen Arbeitsplätze reichten seit den 30er Jahren jedoch nicht mehr aus.

Durch die Gewerbefreiheit waren die Zünfte aufgehoben. Dadurch hatten immer mehr Gesellen und Meister ungehemmten Zugang zu den verschiedenen Handwerksbereichen. Eine steigende Zahl von Handwerksbetrieben mußte sich das wenig veränderte Auftragsvolumen teilen. So entstanden immer mehr Kümmerbetriebe im Rheinland, eine „Übersetzung“ des Handwerks breitete sich aus.[143]So verdoppelte sich die Zahl der Meister in Preußen von 1816 bis 1849, die der Gehilfen verdreifachte sich. In dem Zeitraum stieg die Zahl der im Handwerk Beschäftigten um 135 Prozent, wogegen die Bevölkerung

---

[139]Ebd., S.149; hinzu kam, daß durch die Aufteilung des Allmendegebiets in Preußen unterbäuerliche Schichten die Nutzung daran verloren.

[140]Wehler, Gesellschaftsgeschichte 1815 (wie Anm. 17), S.37 f.

[141]Fast 650.000 Menschen wanderten in der 1. Hälfte des Jahrhunderts aus, die meisten (ca.470.000) in der letzten Dekade, so Ringel; Wirtschaft (wie Anm. 26), S.158.

[142]Obermann, Arbeitermigrationen (wie Anm. 38), S.158 f.

[143]Köllmann, Pauperismus; (wie Anm. 138), S.154 f.; vgl. Kocka, Arbeitsverhältnisse (wie Anm. 17), S. 67; Wehler, Gesellschaftsgeschichte 1815 (wie Anm. 17), S.62 nennt das Phänomen „Überbesetzung“.

nur um 80 Prozent wuchs.[144]Seit den 30er und verstärkt den 40er Jahren herrschte in den Städten ein Überangebot an Arbeitskräften. Vergrößert wurde dies noch durch die Steigerung der Produktivität im primären und sekundären Sektor, weil somit mit weniger Arbeitskräften mehr produziert werden konnte.[145] Dadurch wurde der Lohn derer, die Arbeit hatten, noch weiter gedrückt, so daß Frauen und Kinder mitarbeiten mußten, um wenigstens zeitweise das Existenzminimum zu sichern.

Erschwerend hinzu kam eine Krise des protoindustriellen Heimgewerbes - insbesondere der Textilfabrikation - verursacht durch die Konkurrenz der billigen englischen Fabrikwaren.[146] Massenarmut breitete sich aus, für die der Begriff des „Pauperismus“ geprägt wurde.[147]

Auch die Mülheimer Seidenindustrie unterlag diesen Krisen.[148] Dies zeigt folgende Tabelle:

Anzahl der Webstühle in der Stadt Mülheim

Jahr	1819	1831	1834	1837	1840	1843	1846	1849	1850
Anz. Webst.	346	150	200	150	240	346	305	349	398

[144]Alle Zahlen, ebd., S. 56.

[145]Ebd., S.51.

[146]Ebd. S.283 f.

[147]Karl Marx benutzte den Begriff schon 1844 in einem Artikel „Der König von Preußen und die Sozialreform. Von einem Preußen“ vom 7. August, in: MEW 1, 15. Aufl., Berlin 1988, S.394.

[148]Indikator dafür sind zum einen die Polizei- und Zeitungsberichte des Mülheimer Bürgermeisters an den Landrat und zum anderen die Anzahl der Seidenwebstühle in der Stadt Mülheim. Für die Auflistung der Beschäftigtenzahlen reicht das vorhandene Datenmaterial im HSAD und HAStK leider nicht aus.

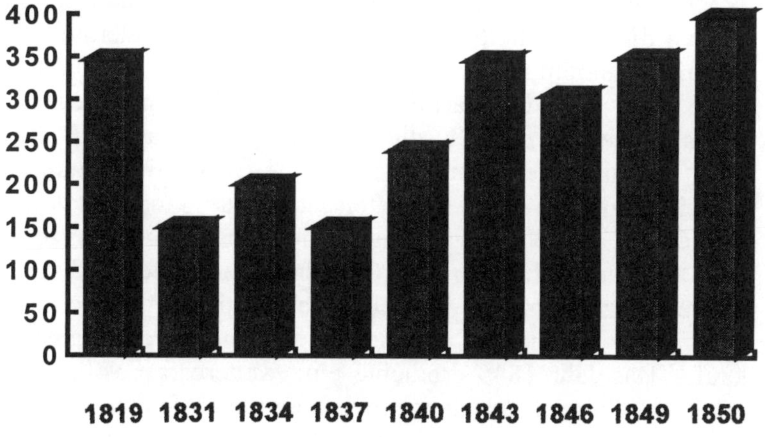

Deutlich sind die Einschnitte 1831, 1837 und 1846 zu erkennen. Sie decken sich mit den Aussagen in den Polizeiberichten des Mülheimer Bürgermeisters. Schon 1823 berichtete er, daß Andreae die Fabrik einschränken wolle und mehrere Arbeiter entlassen habe, die nun dem Armenfonds zur Last fallen werden.[149] Auch 1830 wurden Arbeiter wegen Auftragsmangels entlassen, die übrigen wurden nur halb beschäftigt oder der Lohn gekürzt. „Unter den Entlassenen befinden sich jedoch nur wenige Meister, und es sind meistens unverheiratete junge Leute und Gesellen, von denen einige von hier fortgegangen sind, die übrigen sich jetzt mit Tagelöhnerarbeit beschäftigen.“ [150]Nach einem Aufschwung 1833 wurde für das Jahr 1838 wiederum eine schlechte Beschäftigungslage gemeldet.[151] „Die Seidenfabriken, die längere Zeit in schwächerem Betrieb waren, sind wieder in vollem Gange“, endet der Bericht von 1841.[152]

Zur Problematik der ländlichen Überbevölkerung, der Übersetzung und Absatzkrisen kamen ab Mitte der 40er Jahre zwei weitere Einflußfaktoren hinzu, die die schlechte Beschäftigungssituation und das Elend drastisch steigerten. Dies waren die Ernteausfälle ab 1845 und

---

[149]HAStK,Best. 870/269 Polizei- und Zeitungsberichte 1823-1842 o.P.
[150]Ebd., Zitat aus dem Bericht vom 15.4. - 15.5.1830.
[151]Ebd.
[152]Ebd., Aus dem Zeitungsbericht vom 25.7.1841.

1847 von London und New York ausgehende Finanzkrise.[153] Wegen der knappen Ernte im Jahre 1845 insbesondere im Rheinland stiegen die Preise heftig an. So betrug die Kartoffelernte bei Mülheimer Bauernhöfen nur 42 Prozent der normalen Ernte. Darunter waren auch viele von der Kartoffelkrankheit betroffen.[154] Gegenüber dem Vorjahr stiegen deshalb die Kartoffelpreise fast auf das Dreifache.[155] Im folgenden Winter machte eine Überschwemmung des Rheines einen großen Teil der Wintersaat und des Gemüses zunichte. Zur Milderung des Nahrungsmangels ließ der Firmenbesitzer Andreae 80.000 Pfund Kartoffeln vom Oberrhein beschaffen und verkaufte sie zu verbilligten Preisen an seine Beschäftigten.[156] Außerdem organisierte der Mülheimer Gemeinderat einen verbilligten Brotverkauf.[157] Das Jahr 1846 erbrachte eine weitere fast vollständige Mißernte, 41 Prozent des üblichen Ernteertrages fehlten. Die Kartoffelpreise stiegen wieder an, diesmal lagen sie 60 Prozent über dem Normalpreis.[158] Ende des Jahres erhielt schon ein Achtel der Mülheimer Bevölkerung Armenunterstützung.[159] Nach einem weiteren harten Winter erreichten 1847 die Preise Rekordhöhe. So lagen die Kartoffelpreise bei 35 - 38 Sgr pro Scheffel gegenüber 12 - 19 Sgr. in Normalzeiten.[160] Kartoffeln waren damals das Hauptnahrungsmittel der arbeitenden Bevölkerung. Sie stieg nun auf Mehlspeisen, Mehlsuppen und Brot, insbesondere Roggenprodukte um. Auch deren Preise stiegen an. Eine Preisspekulation im Lebensmittelbereich begann.[161] Schon im Januar 1847 hatte der Gemeinderat in Mülheim eine Suppenanstalt einrichten lassen. Täglich wurden 200 Suppen auf Ko-

---

[153] Wehler, Gesellschaftsgeschichte 1815 (wie Anm. 17), S.651.

[154] So der Bericht des Mülheimer Gemeinderates und „praktischen Oekonoms“ Keup an den Mülheimer Bürgermeister Bau vom 21.10.1845, HAStK, Best. 870/37 o.P.

[155] Ebd.

[156] KBMS v. 14.5.1846.

[157] So kaufte die Stadt 50 Malter Roggen und gab es zum Selbstkostenpreis an die Mülheimer Bäcker ab mit der Maßgabe, das Schwarzbrot verbilligt zu verkaufen, so der Beschluß des Gemeinderates, HAStK, Best. 870/37 o.P.

[158] Wehler, Gesellschaftsgeschichte 1815 (wie Anm. 17), S.642 f.

[159] HAStK, Best. 879/121 o.P.

[160] Kuczynski, Jürgen; Die Geschichte der Lage der Arbeiter unter dem Kapitalismus, Bd. 11, Studien zur Geschichte der zyklischen Überproduktionskrisen in Deutschland. 1825 bis 1866, Berlin 1961, S.73 f.; vgl. Wehler, Gesellschaftsgeschichte 1815 (wie Anm. 17), S.642 ff.

[161] Ebd.

sten des Armenfonds ausgegeben. Bis im April waren dies fast 20.000 Mahlzeiten, davon 14.000 ohne Bezahlung.[162] Im Sommer wurden wöchentlich 1.000 verbilligte Brotmarken verteilt, bis zum Juli waren dies über 15.000 Brotkarten.[163] Ein Drittel der Mülheimer Bevölkerung war inzwischen auf öffentliche Armenmittel angewiesen.[164] Ein Massenelend zeichnete sich im Rheinland bzw. in allen preußischen Westprovinzen ab. Hungersnot, Arbeitslosigkeit, Siechtum und Tod gehörten zum täglichen Leben. Bettelei, Diebstahl und Vagabundieren nahmen stark zu.[165]Fast 40 Prozent der Bevölkerung waren davon in den Westprovinzen betroffen.

Durch die hohen Lebensmittelpreise und Kosten für Heizmaterial verringerte sich das Arbeitereinkommen und stand für den Konsum nicht mehr zur Verfügung. Darunter litt zusätzlich die Heimindustrie und dabei besonders die Textilfertigung. So geriet diese zusätzlich in die Krise.[166] Auch in der Seidenindustrie Mülheims machte sich dies bemerkbar. Schon 1846 berichtete der Bürgermeister: „Den Seidenfabriken und Manufakturen fehlt es dermaßen an Absatz, so daß die Inhaber derselben sich veranlaßt gesehen haben, die Zahl der Webstühle um eine beträchtliches zu reduzieren."[167] Aufträge wurden zurückgenommen, Lagerbestände schwollen an, Arbeiter wurden entlassen.[168] Langsam baute sich ein Protestpotential unter den Arbeitern auf. Erste Anzeichen gab es schon Anfang 1848. So richteten sich 65 Mülheimer Arbeiter mit einem Appell an den Rat der Stadt Mülheim, in dem sie ihre Not schilderten. Um überleben zu können, seien sie zum Betteln gezwungen. Wenn ihnen nicht bald geholfen würde, müßten sie zu Mitteln greifen, „die sie bei weniger drückendem Elend verabscheuen würden".[169]

---

162 HAStK, Best. 870/121, Gemeinderatssitzg. v.7.1.1847; vgl. KBMS v. 11.2.1847, v. 25.4.1847.

163 KBMS v. 20.5.1847 u. 11.7.1847.

164 KBMS v. 27.5.1847.

165 Wehler, Gesellschaftsgeschichte 1815 (wie Anm. 17), S.287 und 651.

166 Kriedte, Peter; Die Proto-Industrialisierung zwischen Industrialisierung und Deindustrialisierung, in: Kriedte, Peter, Medick, Hans, Schlumbohm, Jürgen (Hg.); Industrialisierung vor der Industrialisierung, Göttingen 1977, S.317 f.; vgl. van Eyll; Wirtschaftsgeschichte (wie Anm. 50), S.255.

167 Jahresbericht des Bürgermeisters an den Landrat über das Jahr 1846, HAStK, Best. 870/263 o.P.

168 Thun, Industrie (wie Anm. 68), S.113 f.

169 Zitiert nach Gernert, Lokal- und Regionalgeschichte (wie Anm. 23), S.83.

Den möglichen Protesten stand jedoch noch das Koalitionsverbot entgegen. In der Franzosenzeit wurde zwar die Zunftbefreiung eingeführt, das Koalitions- und Streikverbot aber beibehalten.[170] Die Preußen übernahmen dies per Edikt von 1811 und 1812 und bestärkten ihre Position zum Koalitionsverbot noch durch einen Bundesbeschluß von 1835.[171] In der Gewerbeordnung von 1845 wurde in den Paragraphen 182 und 183 das Koalitionsverbot festgeschrieben und Verabredung zu Streiks mit Gefängnis bis zu einem Jahr bestraft.
Bedingt durch die revolutionären Ereignisse im Frühjahr 1848 hob das königliche Edikt vom 6. April 1848 alle Bestimmungen auf, die „das freie Vereinigungsrecht beschränken“.[172] Dies war jedoch nur von kurzer Dauer. Mit den Verordnungen vom 29. Juni 1849 und 11. März 1850 und den entsprechenden Passagen in der preußischen Verfassung vom 31. Januar 1850[173] wurden diese Fortschritte wieder zurückgedreht.

2. Erste Zusammenschlüsse der Arbeiterschaft

Schon seit den 20er Jahren gab es im Rheinland als Reaktion auf das Elend Arbeiterunruhen, Lohnstreiks und Maschinenstürme, u.a. an den Orten Eupen (1821), Solingen (1826), Krefeld (1828), Aachen (1830), Heiligenhaus (1834), Mülheim/Ruhr (1838), Kettwig (1843) und Köln (1846).[174] Dies waren spontane Aktionen; sie waren nicht organisiert. Erste Zusammenschlüsse von Arbeitern - zumeist Gesellen - gab es bereits in den 40er Jahren. So waren die Gewerksgenossenschaften der Zigarrenarbeiter auf überregionaler Ebene entstanden, örtlich sogar vorher als Hilfs- und Krankenkassen.[175] Unruhequellen waren oft die wandernden Handwerksgesellen, die in der Schweiz, in

---

[170] Amendt, Lage (wie Anm. 105), S.512.
[171] Ebd.; vgl. Wehler, Gesellschaftsgeschichte, 1815 (wie Anm. 17), S.268.
[172] Zitiert nach Amendt, Lage (wie Anm. 105), S.514.
[173] Ebd.
[174] Alle bei Dowe, Dieter; Aktion und Organisation. Arbeiterbewegung, sozialistische und kommunistische Bewegung in der preußischen Rheinprovinz. 1820-1852, Hannover 1970, S.26-35; vgl. Hansen, Joseph; Die Rheinlande und die preußisch-deutsche Politik 1815-1915, Bonn 1917, S.675.
[175] Wehler, Gesellschaftsgeschichte 1849 (wie Anm. 19), S. 152; vgl. Frisch, Walther; Die Organisationsbestrebungen der Arbeiter in der deutschen Tabakindustrie, Inaug. Diss., Leipzig 1905, S.3, der für Bremen 1825 und für Hamburg in den 30er Jahren solche Krankenkassen nachweist.

Belgien oder Frankreich mit demokratischem, sozialistischem oder kommunistischem Gedankengut in Kontakt gekommen waren.[176] Als dann im Februar 1848 in Paris die Revolution ausbrach, drangen deren Ideen auch in die deutschen Staaten vor und lösten eine Kettenreaktion sozialer und politischer Unruhen aus. Die herrschenden Kräfte reagierten schon im Vorfeld der sich abzeichnenden Unruhen: Am 3. März wurden die Zensurgesetze, am 6. April das Koalitionsverbot aufgehoben.[177]

Die wohlhabenden Mülheimer sahen den sozialen Sprengstoff, der sich insbesondere durch die Armut eines großen Teils der Arbeiterschaft aufstaute. Schon 1841 gründeten sie deshalb den „Verein zur Beförderung der Arbeitsamkeit“, dessen Aufgabe es nicht nur war, die „arbeitende Klasse vor Verarmung zu schützen“, sondern „auch ihr materielles Wohl“ zu fördern und „insbesondere auf die Moralität“ einzuwirken.[178] So veranstalteten sie schon im Januar 1843 eine Theatervorstellung, um mit Hilfe der Eintrittspreise Geld für die Armenunterstützung zu sammeln.[179] Im Dezember 1844 wurde der „Allgemeine Bürgerverein zur Förderung des leiblichen und geistigen Wohls“ gegründet, der vordringlich vier Ziele verfolgte:

1. Beschäftigungssuche für Erwerbslose
2. Errichtung einer Vereinskasse zur Unterstützung Bedürftiger
3. Errichtung von Sonntagsschulen und einer Sparkasse
4. Gründung eines Speise- und Arbeitshauses.

Von den rund 100 anwesenden Mitgliedern wurde ein Komitee aus neun Dorfhonoratioren gewählt.[180] Der Oberpräsident in Koblenz, Schaper, lehnte jedoch die Gründung ab, „...abgesehen von Einzelheiten schon seiner wesentlichen Grundlagen wegen“.[181] Für den allumfassenden preußischen Staat wurde jede private Vereinsbildung als

---

[176] Lademacher, Rheinlande (wie Anm. 39), S.539; vgl. Ayçoberry, Pierre; Köln zwischen Napoleon und Bismarck. Das Wachstum einer rheinischen Stadt, Köln 1996, S.231 f.

[177] Wehler 1815 (wie Anm. 17), S.717.

[178] Schneider, H.R.; Bürgerliche Vereinsbestrebungen, Bonn 1967, S.33.

[179] KBMS, v.8.1.1843.

[180] KBMS, v. 22.12.1844, v. 30.1.1845; Vgl. Schneider; Vereinsbestrebungen (wie Anm. 178), S.33; vgl. auch Hansen, Joseph (Hg.); Rheinische Briefe und Akten zur Geschichte der politischen Bewegung 1830-1850 (RBA), Bd. 1, Essen u.a. 1919, S.707; vgl. weiter Dowe, Aktion (wie Anm. 174), S.75.

[181] Schneider, Vereinsbestrebungen (wie Anm. 178), S.33.

„demokratisch“ und damit gegen den Staat gerichtet betrachtet. Da die Not immer drängender wurde, gründete der Gemeinderat Ende 1846 ein Unterstützungskomitee, das sich nach Beendigung seiner Aufgabe - Unterhaltung einer Suppenanstalt - im April 1847 auflöste.[182] Um Unruhen zu verhindern, versuchte die Stadtvertretung für Arbeit zu sorgen, indem sie für öffentliche Aufträge in Kommune und Regierung warb und an die privaten Hausbesitzer appellierte, Reparaturen vornehmen zu lassen. Die fehlenden Mittel in privaten wie öffentlichen Kassen verhinderten dies.[183]Die Unruhen in den anderen Städten veranlaßten den Gemeinderat, per Beschluß vom 21. März 1848 eine Bürger- und Schutzwache einzurichten. Sie sollte sich hauptsächlich aus den beiden Schützenvereinen rekrutieren. Aber auch viele Arbeiter schrieben sich in den öffentlich ausliegenden Listen ein.[184]In einem Brief wandten sich Mülheimer Arbeiter an den Gemeinderat und forderten die Öffentlichkeit von Gemeinderatssitzungen. Dies wurde von diesem positiv beschieden, und nach einem langen Briefwechsel mit dem Landrat, dem Oberpräsidenten und dem Innenminister wurde endlich am 13. Juli die entsprechende Regelung für den Mülheimer Gemeinderat erlassen.[185] Schon 1849 wurde dieses Zugeständnis im Zuge der Gegenrevolution durch die Regierung wieder kassiert.

Nach ersten Unruhen im Landkreis Mülheim in Odenthal und Refrath Ende März 1848 wurden auch die Mülheimer Arbeiter rebellisch. So mußte schon am 5. April die Verhandlung des Forstpolizeigerichtes wegen Ruhestörung unterbrochen werden. Nach Verhaftung der „Tumultanten“ wurde die Gerichtssitzung fortgeführt.[186]

Am 19. April gab es eine Lohnbewegung der Seidenweber Mülheims mit tumultartigen Szenen. So forderten bei der Firma Andreae, dem größten Betrieb in Mülheim, „...die Fabrikarbeiter von dem Fabrikherren Schmidt-Andreae einen höheren Lohn mit Ungestüm durch Ein-

---

[182]KBMS v. 10.1.1847, v. 11.2.1847 und v. 25.4.1847; Vgl. HAStK, Best, 870, Nr. 37 o.P.

[183]Gernert, Lokal- und Regionalgeschichte (wie Anm. 23), S.82 ff.

[184]HAStK, Best. 870, Nr. 121, o.P.

[185]HAStK, Best. 870, Nr. 121 o.P.; vgl. Gernert, Lokal- und Regionalgeschichte (wie Anm. 23), S.156.

[186]Zitat aus dem Jahresbericht des Bürgermeisters von 1848 an den Landrat, HAStK, Best. 870, Nr. 263 o.P. Es ist anzunehmen, daß es bei dieser Gerichtssitzung um Holzfrevel ging, ein damals massenhaft vorkommendes Vergehen, in den nahen Wäldern Holz für den Hausbrand zu besorgen.

stürmen in den Hofraum".[187] Als der Bürgermeister Bau nach eigener Aussage schlichtend eingreifen wollte, holte er sich ein blaues Auge. Er umschrieb dies auf der am nächsten Tag stattfindenden Gemeinderatssitzung mit den Worten, daß er bei dieser Gelegenheit „...nicht ganz frei von Mißhandlungen geblieben sei".[188]Sein Wunsch, deshalb das Militär einzusetzen, wurde jedoch vom Gemeinderat abgelehnt.[189] Es kam wohl zu einer Vereinbarung über eine Lohnerhöhung, denn die Verbesserungen wurden im Herbst wieder rückgängig gemacht, weil „...die Konkurrenzverhältnisse es den Arbeitgebern nicht gestatten, selbige längerhin zu gewähren".[190]Dies war die erste Artikulation eigener Interessen in Mülheim, angeführt von den Seidenwebern. Sie hatten Mut gefaßt nach den Berichten von den erfolgreichen Erhebungen in den Städten des Rheinlandes. Die Arbeiter wollten nun am politischen Geschehen teilhaben. Nachdem durch die entsprechenden gesetzlichen Regelungen eine geheime, gleiche, indirekte Wahl möglich wurde, fanden sich auf den Volksversammlungen zur Aufstellung der Kandidaten für das Frankfurter und Berliner Parlament auch Arbeiter ein. Nachdem sich die einzige Mülheimer Zeitung, das Kreis-Blatt für Mülheim und Sieg, seit dem 18. März in den Dienst der Revolution gestellt hatte, wurden deren Ziele öffentlich diskutiert.[191]Sein Herausgeber, der Lehrer Proff, war seit Gründung im Vorstand des Mülheimer Arbeitervereins.
Bei den Urwahlen am 1. Mai für die beiden verfassunggebenden Versammlungen in Berlin und Frankfurt kandidieren zum ersten Mal Arbeiter. Fünf von den 24 Mülheimer Wahlmännern waren Arbeiter: ein Seidenweber, ein Gerber, ein Schuster ein Karrenbinder und ein Arbeiter, darunter auch der Seidenweber und spätere Präsident des Mül-

[187]Zitat nach HSAD, Reg. Köln, Best. 61, S.85; vgl. Gernert; Lokal- und Regionalgeschichte (wie Anm. 23), S.83.
[188]Zitiert nach HAStK, Best. 870, Nr. 121 o.P.; vgl. Gernert; Lokal- und Regionalgeschichte (wie Anm. 23), S.83.
[189]Ebd.
[190]Zitat nach dem oben erwähnten Jahresbericht des Bürgermeisters von 1848 (wie Anm.186). Kurz vorher gab es auch bei den Seidenwebern in Krefeld einen Aufstand, der sogar dazu führte, daß die fabrikeigenen Seidenwebstühle in den Besitz der Seidenweber übergingen, Brauns, Übergang (wie Anm. 14), S.3 f.
[191]Das Blatt stellte sich „vorzüglich in den Dienst der Revolutionspartei", so der Landrat in seinem Bericht an die Regierung in Köln vom 18.5.1849, HSAD, Reg. Köln, Nr.82, S.119; das Blatt wurde seit 1.1.1843 herausgegeben, ab 5.3.1846 war der Lehrer an der Bürgerschule Nikolaus Proff dessen Herausgeber.

heimer AV Franz Wilhelm Bengel.[192]Drei weitere spätere Vorstandsmitglieder des AV waren unter den Wahlmännern zu finden, die beiden Lehrer Proff und Meunier sowie der Kaufmann Ludwig Lucas.[193]Bei den Wahlen durch die Wahlmänner am 8. Mai wurde der ehemalige Odenthaler Lehrer Anton Gladbach als Deputierter für Berlin gewählt, ein Radikaldemokrat; sein Stellvertreter wurde der Merheimer Gutsbesitzer Heinrich Rolshoven.[194]Für die Frankfurter Versammlung

Anton Gladbach (1808 - 1873)

[192]Freie Volksblätter (FV) v. 3.5.1848; Die Wahlen fanden in der evangelischen und katholischen Kirche statt, HAStK, Best. 870, Nr. 121 o.P.
[193]Ebd.
[194]FV v. 10.5.1848; vgl. Repgen, Konrad; Märzbewegung und Maiwahlen des Revolutionsjahres 1848, Bonn 1955, S.257; über die Vita des Anton Gladbach siehe Bilz, Brigitte; Anton Gladbach - vom Demokraten zum Polizeispitzel, in: Bilz, Fritz, Schmidt, Klaus (Hg.), Das war ´ne heiße Märzenzeit. Revolution im Rheinland 1848/49, Köln 1998, S.190-195.

setzte sich der Kölner Anwalt Stupp durch, als sein Stellvertreter der Gerichtsassessor Heinrich Bürgers.[195]
Bei dem im April 1848 vom Gemeinderat eingerichteten „Comitee zur Unterstützung brodloser Arbeiter" - es bestand auch noch Anfang 1849 - konnte man die Arbeiter nicht mehr außen vorlassen. Die späteren Vorstandsmitglieder des Mülheimer AV - Bengel und Daniels - vertraten die Arbeiterschaft.[196]
Neben den Arbeitern artikulierte sich auch das bürgerlich/liberale Lager. Zu ihm gehörte Vincenz von Zuccalmaglio, ein im Landkreis unter dem Namen Montanus bekannter Schriftsteller und Geschichtsforscher. Er gab im März eine 32 Seiten starke Schrift mit 161 Fragen und Antworten heraus, „Die deutsche Kokarde...".[197] Darin setzte er sich ein für die Beseitigung der Adelsvorrechte, volle Rede- und Pressefreiheit, Öffentlichkeit der Verwaltung und Gerichte, freies Versammlungsrecht und Änderung des Steuerwesens. Außerdem war er für die konstitutionelle Monarchie, er verteidigte das auf Volksherrschaft gegründete Königstum.[198]Seine Schrift wurde in 14 Auflagen und über 100.000 Exemplaren abgesetzt.[199]Ende des Jahres distanzierte sich Zuccalmaglio von der Revolution, 1849 verhöhnte er sie sogar.[200]

---

[195]Gernert, Lokal- und Regionalgeschichte (wie Anm. 23), S.141; die Wahlkreise für die beiden Wahlen waren unterschiedlich, so war für Berlin der Landkreis Mülheim ein Wahlkreis, für die Frankfurter wurde noch der Landkreis Köln dazugeschlagen, ebd., S.134.

[196]HAStK, Best. 870, Nr. 37 o.P.

[197]Der gesamte Titel lautet: „Die deutsche Kokarde, ein politischer Katechismus fürs deutsche Volk. Gemein faßliche Beantwortung der Frage unserer Gegenwart u. Anleitung, wie Jedermann beizutragen hat, die schwere Zeit der Prüfung dem deutschen Vaterland zum Segen zu verwenden. Zum Besten der in Berlin verwundeten Bürger und Krieger, herausgegeben von Vincenz von Zuccalmaglio. Köln 1848", nach Weinandy, Klaus; Die politischen Wahlen in den rechtsrheinischen Kreisen Sieg, Mülheim, Wipperfürth, Gummersbach und Waldbröl des Regierungsbezirkes Köln in der Zeit von 1848-1870, Diss. masch.schr., Bonn 1956, S.47 f.; zu Vinzenz Zuccalmaglios politischer Arbeit s. auch Yeo, Else: „Überall und nirgendwo". Das unruhige Leben des Anton Wilhelm von Zuccalmaglio, Bergisch Gladbach 1999.

[198]Bezüglich der Republik schrieb er: „Die Republik ist die allerschönste und vernünftigste Form, weil sie auf Gleichberechtigung aller Menschen gründet. Doch paßt sie nur für lauter tugendhafte Männer und ist in ihrer Reinheit nur für Engel ausführbar." Zitat nach Ebd.

[199]Ebd.

[200]So in seinem Pamphlet „Die große Schlacht bei Remlingrade" und später in seiner

Vinzenz von Zuccalmaglio

Am 6. Juli 1848 wurde in einer Versammlung mit rund 400 Teilnehmern der Arbeiterverein Mülheim gegründet, am Abend traten schon200 Mitglieder ein, im November waren es 300 und im Dezember 500 Mitglieder.[201] Die Statuten, die jedoch leider nicht überliefert sind, hatte der Lehrer Proff entworfen. Zum Präsidenten wurde der Seidenweber Franz Wilhelm Bengel, zu seinem Stellvertreter der Kaufmann und Stadtverordnete Ludwig Lucas gewählt. Außerdem gehörten dem Vorstand mehrere Lehrer an, so Nikolaus Proff, Meunier und Krahe, außerdem der Kaufmann Lambert Daniels.[202]Zu Anfang waren auch der Bürgermeister und fast der gesamte Gemeinderat Mitglied im Arbeiterverein. Auf der Gründungsversammlung bemerkte ein Vorstandsmitglied in seiner Rede: „... es hofft der Verein ... jene Kraft zu erlangen, welche Noth thut, um jene Gerechtsame zu erringen, welche uns geschmälert, und die Lasten abzuschütteln, welche uns mit Unrecht aufgebürdet wurden. So in vereinigter Kraft werden wir stark sein, und des Unglücks viel lindern, und des Guten viel fördern können.“[203]Der Verein tagte jeden Montag, der Monatsbeitrag betrug einen Silbergroschen (Sgr.).[204]

Bewertung des Elberfelder Einsatzes Mülheimer Arbeiter, nach Gernert, Lokal- und Regionalgeschichte (wie Anm. 23), S.218 f.

[201]NRhZ v. 12.7.1848; Vgl. Karl Marx und Köln 1842-1852. Briefe, Texte, Bilder, Faksimiles, hrsg.v. Historischen Archiv der Stadt Köln, Köln 1983, S.138.

[202]NRhZ v. 12.7.1848; weiter Dowe, Aktion (wie Anm. 174), S.183.

[203]Zitiert nach NRhZ v. 12.7.1848.

[204]Weinandy, Wahlen, (wie Anm. 197), S.61.

Von diesem Arbeiterverein gingen mehrere Initiativen aus. So stellte er verschiedene Anträge an den Gemeinderat u.a. bezüglich der Arbeitszeiten der Feldhüter und Nachtwächter. Außerdem arbeiteten Vereinsmitglieder aktiv im „Comitee zur Unterstützung der brodlosen Arbeiter“ mit, ebenso bei der Einteilung in Bezirke und Bestimmung der verantwortlichen Bezirksvorsteher.[205] Aber die Aktivitäten des AV gingen auch über die Stadt Mülheim hinaus. So förderte er die Gründung weiterer AVe im Landkreis Mülheim, in Bensberg, Gladbach, Odenthal, Overath und Rösrath. Diese neuen Vereine verstanden sich primär als Filialvereine des Mülheimer AV.[206]

Auf dem Rheinischen Demokratenkongreß am 13. und 14. August war er vertreten. Dort berichtete der Vorsitzende F.W. Bengel über die Mülheimer Zustände, es hätte sich dort ein aktiver AV gebildet, die Arbeiter hätten bei der Wahl den Abgeordneten Gladbach durchgesetzt.[207]

Auch in Mülheim suchte der AV die Zusammenarbeit mit den bürgerlichen Kräften. Dem unter Mithilfe des Bonners Gottfried Kinkel ins Leben gerufenen Demokratenverein,[208] der am 10. September als „Kreis-Mülheimer Demokratenverein“ mit Sitz in Bensberg gegründet wurde, gliederte sich der Arbeiterverein als Filialverein an.[209] Vorsitzender war der Gutsbesitzer Rolshoven, Stellvertreter Friedensrichter Fischbach aus Bensberg und Schriftführer der Kaufmann Ludwig Lucas aus Mülheim, der gleichzeitig stellvertretender Vorsitzender des Mülheimer AV war.[210] Außerdem waren die Vorsitzenden der Filialvereine Mitglieder des Vorstandes. Auf einer öffentlichen Versammlung des Demokratenvereins in Bensberg am 8. Oktober sprach sich die Versammlung von über 600 Teilnehmern für die konstitutionelle

---

[205] HAStK, Best 870, Nr. 121 o.P. und Nr. 37 o.P.

[206] Gernert, Lokal- und Regionalgeschichte (wie Anm. 23), S.166.

[207] NRhZ v. 13.9.1848 und 14.9.1848; vgl. Hansen, RBA, Bd. 2.2, Köln 1976, S.362; vgl. auch Dowe, Aktion (wie Anm. 174), S.183.

[208] Gottfried Kinkel, Präsident des Demokratischen Vereins Bonn und Chefredakteur der Bonner Zeitung, siehe auch die Biographie über Gottfried und Johanna Kinkel von Klaus Schmidt, Gerechtigkeit - das Brot des Volkes, Stuttgart 1996.

[209] NRhZ v. 19.10.1848, auf der Versammlung am 8.18.1848 in Bensberg teilte der Präsident des Mülheimer AV, Bengel, mit, daß sich der Mülheimer Verein mit Freuden dem Demokratenverein als Filialverein angeschlossen habe.

[210] NRhZ v. 19.10.1848; Vgl. FV v. 22.9.1848; vgl. Gernert, Lokal- und Regionalgeschichte (wie Anm. 23), S.167 f.; vgl. auch Weinandy, Wahlen; (wie Anm. 197), S.60 f.; die Satzung ist abgedruckt im KBMS v. 24.9.1848.

Monarchie auf breitester Grundlage aus.[211] Außerdem beschloß sie eine Solidaritätsadresse an die Nationalversammlung in Berlin.
Nachdem sich die Ereignisse in Berlin von Anfang bis Mitte November überstürzt hatten,[212] wurde auch der Kreis-Mülheimer Demokratenverein und mit ihm der Arbeiterverein aktiv. Eine Chronik der Ereignisse zeigt dies:

12. 11. Auf einem Kreistag aller demokratischen und AVe des Kreises Mülheim in Bensberg wird unter Teilnahme von Kinkel ein Protestschreiben gegen die Übergriffe der Krone beschlossen.[213]

14.11. Außerordentliche Sitzung aller demokratischen Vereine des Kreises Mülheim in Gladbach vor mehreren 100 Teilnehmern: Die Bevölkerung soll zur Steuerverweigerung aufgerufen wer den.[214]

15.11. Auf der Mülheimer Versammlung des Demokratischen Ver-
eins mit 700 Teilnehmern wird eine Solidaritätsadresse mit Protest gegen die Verlegung an die Nationalversammlung beschlos-
sen, außerdem wird der Mülheimer Gemeinderat aufgefordert, sich dieser Adresse anzuschließen.[215] 700 Mülheimer unterschreiben eine kursierende Unterschriftenliste.[216]

16.11. Mit 11 zu 2 Stimmen lehnt der Gemeinderat diese Adresse ab.[217]

---

[211]Dowe, Aktion; (wie Anm. 174), S.185.

[212]9.11.1848 Lt. königlicher Botschaft wird die Nationalversammlung nach Brandenburg verlegt und bis zum 27.11.1848 vertagt, am gleichen Tag beschließt die Versammlung, der Krone dieses Recht nicht zuzugestehen,
12.11.1848 Verhängung des Belagerungszustandes über Berlin
14.11.1848 Verkündigung des Kriegsgesetzes
15.11.1848 Einstimmige Annahme des Antrags auf Steuerverweigerung von 227 Parlamentariern (absolute Mehrheit),
alles aus Valentin, Veit; Geschichte der deutschen Revolution von 1848-1849, Bd. 2, 1998 Weinheim u.a., S.268-272.

[213]Weinandy, Wahlen (wie Anm. 197), S.59.

[214]FB v. 15.11.1848; Vgl. Gernert, Lokal- und Regionalgeschichte; (wie Anm. 23), S.173 f.

[215]NRhZ v. 22.11.1848 und 23.11.1848.

[216]Gernert, Lokal- und Regionalgeschichte; (wie Anm. 23), S.181.

[217]HAStK, Best. 870, Nr.121 o.P.

18.11. Auf einer Volksversammlung in Mülheim wird der Gemeinde rat aufgefordert, von seinen Ämtern zurückzutreten.[218]

20.11. Auf einer außerordentlichen Gemeinderatssitzung lehnt der Rat nach ausführlicher Diskussion das Rücktrittsbegehren ab.[219]

Dies zeigt, daß sich der Arbeiterverein mit dem Demokratenverein in der Anfangsphase mit „preußischen" Themen befaßt hat. Erst später rückte das Frankfurter Parlament in den Mittelpunkt.
Eine Spaltung der demokratischen Bewegung kündigte sich an. Nachdem der königliche Erlaß vom 5. Dezember die konstituierende Versammlung aufgelöst und eine preußische Verfassung oktroyiert hatte, verstärkte sich die Spaltung. So begrüßten der gerade neu gegründete Piusverein, Teile des demokratischen Vereins und auch Vincenz von Zuccalmaglio die neue Verfassung.[220]
Eine wichtige Aufgabe sah der Arbeiterverein darin, bei den Februarwahlen 1849 für die 2. preußische Kammer den Radikaldemokraten Anton Gladbach durchzusetzen. Bei der Urwahl am 22. Januar wurden unter 24 Wahlmännern wiederum 21 Demokraten gewählt.[221] Der Kreis Mülheim stellte in dem neu eingeteilten Wahlkreis Mülheim/Gladbach/Wipperfürth jedoch nur 158 der 337 Wahlmänner.[222] Dies reichte aber nicht aus. Statt Gladbach wurde am 5. Februar der Konstitutionelle, der Gutsbesitzer Aldenhoven aus Zons, gewählt (173 zu 157 Stimmen).[223]Da er jedoch die Wahl schon im Wahlkreis Neuß angenommen hatte, mußte am 22. Februar eine Nachwahl stattfinden. Dabei wurde Gladbach mehrheitlich gewählt (148 von 259 Stimmen).[224]Wegen zahlreicher Proteste erklärte die Wahlprüfungskommission die Wahl für ungültig. Eine Nachwahl konnte jedoch nicht mehr stattfinden, da am 26. April die Kammer aufgelöst und danach

---

[218]NRhZ v. 24.11.1848.
[219]HAStK, Best. 870, Nr.121 o.P.
[220]Gernert, Lokal- und Regionalgeschichte; (wie Anm. 23), S.176f., S.182, S.184 und S.186.
[221]NRhZ v. 24.1.1849 irrt, wenn sie von 24 gewählten Demokraten spricht, richtig ist 21 von 24, wie es in der NKZ v. 25.1.1849 beschrieben wird.
[222]Ebd., NKZ.
[223]Henseler, Paul; Politische Strömungen in der 2. Hälfte des 19. Jahrhunderts im ehem. Kreis Mülheim/Rhein, besonders im heutigen Gebiet der Stadt Porz, in: Unser Porz. Beiträge zur Geschichte von Amt und Stadt Porz, H.10, 1968, S.32.
[224]Ebd.; Vgl. NRhZ v. 22.3.1849.

das Dreiklassenwahlrecht eingeführt wurde.[225]
Der Mülheimer Arbeiterverein hatte sich in dieser Wahlkampagne stark engagiert. Trotzdem schaffte er es noch, für den 11. Februar das erste Demokratische Bankett zusammen mit dem Kölner Arbeiterverein und der Kölner Demokratischen Gesellschaft zu organisieren. Als Redner traten u.a. Karl Marx, Friedrich Engels und der ehemalige Abgeordnete Anton Gladbach, aber auch die Vorstandsmitglieder des Mülheimer AV Bengel, Lucas und Krahe auf.[226]Dabei entwickelte Bengel „in einem längeren Vortrag das Verhältnis der Gegenwart zur Vergangenheit".[227] Marx brachte einen Toast auf Gladbach aus, „...einen der ausnahmsweisen Vereinbarer, die wirklich die Interessen des Volkes vertreten".[228]
Nun rückten mehr Frankfurter Fragen in den Vordergrund.. So war die Frage der Reichsverfassung das nächste große Thema, das auch den Mülheimer AV beschäftigte. Am 28. März 1849 verkündete das Frankfurter Parlament die von ihm beschlossene Reichsverfassung und forderte alle Länder bzw. deren Parlamente auf, diese auch zu beschließen und umzusetzen. 28 deutsche Staaten kamen dem nach.[229] Nachdem auch die zweite preußische Kammer die Annahme der von Frankfurt beschlossenen Verfassung empfohlen hatte, wurde sie per Verfügung von König Friedrich-Wilhelm IV. aufgelöst.[230]Die Frankfurter Nationalversammlung forderte nun alle Regierungen, Körperschaften, Gemeinden und das gesamte deutsche Volk auf, die Verfassung zur Anerkennung und Geltung zu bringen. Die preußische Regierung wertete dies als Aufruf zur Rebellion.[231]

In Köln und Deutz tagten am 6. Mai die drei politischen Richtungen:
- monarchistisch-konstitutionell
- demokratisch-konstitutionell (unter Teilnahme des Mülheimer Demokratenvereins)
- die Arbeitervereine (mit dem Mülheimer AV).

---

[225]Henseler; Strömungen (wie Anm. 223), S.32.
[226]NRhZ v. 18.2.1849 und v. 25.3.1849; vgl. Dowe, Aktion (wie Anm. 174), S.219.
[227]NRhZ. v. 25.3.1849.
[228]Ebd.
[229]Valentin, Geschichte, 2, (wie Anm. 212), S.459; vgl. Seyppel, Marcel; Die Demokratische Gesellschaft in Köln 1848/49, Köln 1991, S.272.
[230]Ebd., S.461.
[231]Weinandy, Wahlen; (wie Anm. 197), S.94 f.

Alle drei Gruppierungen sprachen sich für die Annahme der Verfassung aus.[232]Bei dem Treffen der Arbeitervereine repräsentierten 120 Delegierte 26 Arbeitervereine.[233] Der Arbeiterkongreß forderte die Arbeiter vorerst zur Ruhe auf. Insbesondere sollte noch der am 8. Mai in Köln tagende rheinische Gemeindetag mit seinen Beschlüssen abgewartet werden.[234]Auch diese von 500 Gemeindevertretern besuchte Versammlung stellte sich hinter die Reichsverfassung. Sie beschloß, daß diese „..mit allen zu Gebote stehenden Mitteln durchgesetzt werde".[235]Danach begannen die Unruhen in Düsseldorf, Iserlohn und Elberfeld. Schon am 7. Mai hatte das Elberfelder Landwehrkomitee zur Unterstützung der Barrikadenkämpfer aufgerufen „...die Zeit des passiven Widerstandes ist vorüber".[236]In der folgenden Nacht begann dort der Aufstand.[237] Der Mülheimer Arbeiterverein beteiligte sich aktiv am Elberfelder Aufstand, der bis zum 17. Mai blutig niedergeschlagen wurde.

Am 10. Mai zog ein Zug von 15 bis 18 Mülheimer Arbeitern nach Küppersteg (heute Leverkusen), um die Schienen der Bergisch Märkischen Eisenbahnen zu zerstören. Damit sollte verhindert werden, daß aus der Garnison Deutz Truppentransporte gegen die aufständischen Elberfelder Arbeiter eingesetzt werden konnten.[238] Schon bald danach wurden die ersten mutmaßlichen Beteiligten verhaftet, zeitweise saßen 18 Männer in Untersuchungshaft, unter anderem die AV- Mitglieder Koch, Daniels, Keppel, Preis, Flentmann, Biesenbach, Lucas und Hahn.[239] Bis zur Verhandlung vom 17. bis 19. Januar 1850 blieben sechs Männer in Untersuchungshaft. Das Verfahren fand unter reger öffentlicher Beteiligung statt. Alle Angeklagten wurden wegen widersprüchlicher Zeugenaussagen, Erinnerungslücken und mangelnder Beweise vom Geschworenengericht freigesprochen. „Im vollbesetzten Sitzungssaal wurde der Freispruch freudig aufgenommen, auf dem Appellhof stimmte die jubelnde Menge das Blumlied an, in einem

---

[232]Dowe; Aktion (wie Anm. 174), S.227; vgl. Gernert; Lokal- und Regionalgeschichte; (wie Anm. 23), S. 213 f.; vgl. Seyppel; Gesellschaft (wie Anm. 229), S.277 f.
[233]Dowe; Aktion (wie Anm. 174), S.227.
[234]Ebd.; vgl. Seyppel, Gesellschaft (wie Anm. 229), S.278.
[235]Zitat nach Weinandy; Wahlen (wie Anm. 197), S.94 ff.
[236]Zitat nach Gernert; Lokal- und Regionalgeschichte (wie Anm. 23), S.216.
[237]Ebd.; S.219.
[238]WZ v. 20.9.1849 und v. 27.11.1849; vgl. Dowe, Aktion, (wie Anm. 174), S.228.
[239]Ebd.

Triumphzug wurden die Freigesprochenen nach Mülheim begleitet, wo sie mit Böllerschüssen und Fahnen begrüßt wurden."[240]
Außerdem zog zur Unterstützung des Aufstandes in der Nacht vom 13. auf den 14. Mai ein Zug bewaffneter Männer aus Mülheim nach Elberfeld. Die Führung hatten die Seidenweber Gustav Kemmerling und der Präsident des Mülheimer AV Franz Wilhelm Bengel. Die meisten Männer waren Mitglieder der Bürgerwehr, sie führten ihre für diese Aufgabe ausgegebenen Gewehre mit sich.[241]Kemmerling wurde vom Anführer der Rebellen, von Mirbach, zum Hauptmann ernannt.[242]Die militärische Übermacht ließ den Aufstand scheitern. Bengel und Kemmerling schlossen sich dem badischen Aufstand an. Nach dessen Niederschlagung flüchteten sie in die Schweiz und wanderten später in die Vereinigten Staaten aus.[243]
Die reaktionären Kräfte Preußens demonstrierten ihre Macht nun immer stärker. Der Oberpräsident der Rheinprovinz wies die Bürgermeister am 21. Mai an, alle Schriften zu überwachen.[244] Das Dreiklassenwahlrecht wurde erlassen (30. Mai). Eine zentrale
Märzerrungenschaft - die gleiche und geheime Wahl - wurde außer Kraft gesetzt.[245]Per Verfügung wurden am 29. Juni die Versammlungsrechte eingeschränkt.[246] Schon ein paar Tage vorher (26. Juni) war die Bürgerwehr Mülheims auf Antrag des Gemeinderates durch das 34. Infanterie-Regiment entwaffnet worden, „...weil er nicht im Stande sei, die fernere Verwendung der Waffen zu vertreten".[247]Es fehlten 18 Gewehre. Der Gemeinderat wies die Behauptung zurück, daß diese Gewehre zu den Aufständischen in Elberfeld gegangen sei-

[240]Zitat nach WZ v. 27.1.1850; vgl. KBMSLkK v. 20.1.1850; vgl. auch Dowe, Aktion (wie Anm. 174), S.228. Leider sind die Gerichtsakten im HSAD nicht mehr vorhanden, somit ist man auf die Berichte in den Zeitungen angewiesen.
[241]NRhZ v. 16.5.1849; vgl. Gernert; Lokal- und Regionalgeschichte (wie Anm. 23), S.217.
[242]HSAD, Reg. Köln, Nr.61, S.15.
[243]Aus dem Bericht des Landrates vom 20.10.1850 an die königliche Regierung, HSAD, Reg. Köln, Nr. 7752, S.33.
[244]Gernert, Lokal- und Regionalgeschichte (wie Anm. 23), S.222.
[245]Weinandy, Wahlen (wie Anm. 197), S.98.
[246]Durch die Verfügung „Über die Verletzung einer die gesetzliche Freiheit und Ordnung gefährdenden Versammlungsrechtes", WZ v. 4.7.1849; vgl. Gernert; Lokal- und Regionalgeschichte (wie Anm. 23), S.224.
[247]Zitat nach WZ v. 1.7.1849; vgl. HAStK, Best. 870, Nr.121 o.P. (mit dem Ratsbeschluß), vgl. auch KBMSLkK v.22.8.1849.

en.[248]
Der Arbeiterverein tagte unter erschwerten Bedingungen weiter.[249]So ist am 15. Juli eine Versammlung im Grünschen Saale dokumentiert.[250] Mit großer Wahrscheinlichkeit standen dort auch die zwei Tage später stattfindenden ersten Urwahlen für die 2. Preußische Kammer nach dem Dreiklassenwahlrecht auf der Tagesordnung. Es ist davon auszugehen, daß die Versammlung die stimmberechtigten Arbeiter aufforderte, sich nicht an der Wahl zu beteiligen. Denn von insgesamt 1320 Urwählern in Mülheim beteiligten sich gerade einmal 90 an der Wahl.[251]
Auf dem traditionellen Mülheimer Schützenfest vom 5. bis 6. August gab es noch einmal Protestäußerungen. So sangen die Zaungäste am Rande des Umzuges das „Robert-Blum-Lied“. Vor dem Festsaal kam es zu Zusammenstößen zwischen den Protestierenden und der Festgesellschaft. Unter den Protestlern war auch der Bruder des wegen des Elberfelder Aufstandes gesuchten Gustav Kemmerling, ein Seidenweber. Er wurde dabei leicht verletzt. Das vom Bürgermeister angeforderte Militär stellte nach einer Dreiviertelstunde die Ruhe wieder her.[252]
Es wurde nun immer schwieriger, für den AV Versammlungsräume zu finden. Den Wirten, die dem AV Räumlichkeiten zur Verfügung stellten, wurde der Konzessionsentzug angedroht oder vollzogen.[253]Nach dem Erlaß des Gesetzes über die Einschränkung der Versammlungsfreiheit vom 11. März 1850 konnten der Demokratenverein und der AV keine Versammlungen mehr abhalten. Danach war auch kein öffentliches Auftreten dieser Vereine mehr feststellbar.[254] Die

[248]HAStK, Best. 870, Nr. 121 o.P., Protokoll der Gemeinderatssitzung v. 15.8.1850; vgl. KBMSLkK v. 22.8.1850.
[249]Leider war unter den Archivalien nicht zu ermitteln unter welcher Führung.
[250]WZ v. 14.7.1849. Berichte über die Aktivitäten wurden in den beiden Zeitungen WZ und KBMSLkK wegen der Zensurbestimmungen nicht mehr gebracht, dies zeigt eine Bemerkung unter dem Titel des KBMSLkK v. 30.6.1849: „Die Tendenz des Blattes soll, wie in dieser Nummer, alle politischen und sozialen Fragen ausschließend, genau verfolgt werden.“
[251]WZ v. 19.7.1849; vgl. KBMSLkK v. 5.7.1849 und v. 12.7.1849; vgl. auch Gernert, Lokal- und Regionalgeschichte (wie Anm. 23), S.223.
[252]HSAD, Reg. Köln, Nr. 61, S.78 ff.; vgl. WZ v. 9.8.1849; vgl. weiter Gernert, Lokal- und Regionalgeschichte (wie Anm. 23), S.230.
[253]Vgl. Gernert, Lokal- und Regionalgeschichte (wie Anm. 23), S.233.
[254]So in einem Schreiben des Landrates an die königliche Regierung vom März 1850,

AVe Mülheim, Rösrath und Gladbach lösten sich auf.[255] Einzelne Mitglieder des Vorstandes des Mülheimer AV standen weiterhin in Verbindung.
Es gab in Mülheim in der Zeit von 1850 bis 1851 eine kleine Gemeinde der Zigarrenarbeiter-Assoziation.[256] Außerdem war die Stadt Mülheim durch einen Delegierten (Arronge) auf dem vom 19. - 25. August in Hamburg stattfindenden Kongreß der Zigarrenarbeiter-Assoziation vertreten.[257] Von 1850 bis März 1851 führte der Mülheimer Verein oder die Zahlstelle Beiträge an die zentrale Witwen- und Sterbekasse ab.[258]Diese Einrichtung war die einzige zentrale Organisation der Zigarrenarbeiter geblieben, die Assoziation wurde per Beschluß vom Altonaer Kongreß selbst aufgelöst, sie sollten in Form von lokalen Wanderkassen weiterbestehen.[259] Nach 1851 ist der Zigarrenarbeiter-Verein in Mülheim nicht mehr belegt.[260] Die ersten Ansätze der Arbeiterbewegung waren nun endgültig zerschlagen. Zum Jahresende 1849 schrieb der Lehrer Nikolaus Proff, Mitglied im Vorstand des Mülheimer AV, in seinem Kreisblatt für Mülheim, Sieg und Landkreis Köln in einem Kommentar zur Revolution 1848/49: „Daß die deutsche Revolution nicht geschlossen ist, daß sie nur neue Kräfte sammelt, ihre Arbeit fortzusetzen, das wird jedem klar, welcher die Geschichte der Völker kennt und die Zeichen der Zeit beobachtet."[261]

---

zitiert nach Gernert, Lokal- und Regionalgeschichte (wie Anm. 23), S.233.
[255]Zitiert nach StK, Abt. 403, Nr. 7056, S.588 und 591 f.
[256]So Dieter Dowe, der einen Verein in Mülheim für 1848 erwähnt, Dowe; Organisatorische Anfänge der Arbeiterbewegung in der Rheinprovinz und in Westfalen bis zum Sozialistengesetz 1878, in: Reulecke, Jürgen (Hg.), Arbeiterbewegung an Rhein und Ruhr, Wuppertal 1974, S. 65.
[257]Dowe, Dieter und Offermann, Toni (Hrg.); Deutsche Handwerker- und Arbeiterkongresse 1848-1852, Berlin u.a. 1983, Protokoll des Kongresses, S.381 ff.
[258]Siehe Zeitung der Zigarrenarbeiter-Assoziation „Cirkular" v. 18.12.1850, 23.2.1851 und 9.3.1851.
[259]Bilz, Arbeit (wie Anm. 95), S.73.
[260]Schindlmayr-Reyle; Arbeiterbewegung (wie Anm. 130), S.48.
[261]KBMSLkK v. 31.12.1849.

Die Zeit der industriellen Revolution, 1850 - 1873

Wandel in Politik und Arbeit

1. Politik und Wirtschaft im Aufschwung

Mülheim war seit 1815 preußische Kleinstadt. Ihre kommunale Vertretung hieß jedoch Gemeinderat, die nach dem Zensuswahlrecht ermittelten Mitglieder Gemeinderäte. Erst nach einem entsprechenden Antrag des Gemeinderates und der Genehmigung durch den preußischen Innenminister war Mülheim ab 1856 Stadt im Sinne der gerade erlassenen preußischen Städteordnung. Die Ratsmitglieder hießen nun offiziell Stadtverordnete, das Gremium Stadtverordnetenversammlung.[262]

Die Mitwirkungsrechte der Mülheimer Bürger wurden dadurch nicht besser. Sie blieben weitgehend von den politischen Entscheidungen ausgeschlossen. Das Dreiklassenwahlrecht für die Kommunen und 2. Kammer blieb weiter bestehen. Nur für den Norddeutschen, später Deutschen Reichstag galt ab 1867 das geheime, gleiche und direkte Wahlrecht.[263]Die Zensur- und Vereinsgesetze wurden in den 50er Jahren weiter verschärft, so am 16.2.1851 durch Ministererlaß, am 12.3.1851 durch die Zirkularverfügung des Innenministers zur Verschärfung des Vereinsgesetzes und am 13.7.1854 durch den Bundesbeschluß „Maßregeln zur Aufrechterhaltung der gesetzlichen Ordnung und Ruhe im Deutschen Bunde, insbesondere das Vereinswesen betreffend".[264]

Die 1871 erfolgte Reichsgründung wirkte sich positiv in Richtung Vereinheitlichung aus: Es wurde per Gesetz eine einheitliche auf Gold basierende Währung eingeführt (1 Mark = 100 Pfennige). Aus sieben Münzsystemen wurde nun eine Währung, zu deren Hüterin die Reichsbank bestellt wurde.[265]Außerdem wurden die Abläufe und Planung der bestehenden Staats- und Privatbahnen koordiniert. Das Postwesen, die Maße und Gewichte wurden vereinheitlicht.[266]

---

[262]HAStK, Best. 870, Nr. 122 o.P.; siehe auch MSKB v. 16.7.1856 u. 14.9.1856.
[263]Wehler, Gesellschaftsgeschichte 1849 (wie Anm. 19), S.151.
[264]Alle zitiert nach Schindlmayr-Reyle, Arbeiterbewegung (wie Anm. 130), S.22 ff.
[265]Clasen; Entwicklung (wie Anm. 44), S.119; vgl. Ritter/Tenfelde, Arbeiter (wie Anm. 7), S.12.
[266]Ebd.

Auf wirtschaftlichem Gebiet hielt sich der preußische und später deutsche Staat eher zurück. Er war geprägt von liberalem, freihändlerischem Wirtschaftsgebaren. Weiterhin - bis zum Ende der 60er Jahre - stand die Regierung den Aktiengesellschaften skeptisch gegenüber, die Konzessionsvergabe wurde restriktiv gehandhabt.[267]Trotzdem wurden allein in der Zeit von 1851-1857 119 neue Gesellschaften gegründet, mehr als in den 50 Jahren zuvor.[268] Es war eben genug Kapital aus der beginnenden Industrialisierung und dem damit verbundenen profitablen Handel vorhanden, das zur Anlage drängte. Die Aktiengesellschaft war die Anlageform, bei der man ohne das Risiko des Alleininhabers am Unternehmensprofit beteiligt war. Diesmal gingen die meisten Investitionen in die Schwerindustrie im Gegensatz zu den 40er Jahren, als die Eisenbahngesellschaften vom investierten Kapital profitierten.[269] Nach der Krise von 1857/58 wurden bis 1867 nur 82 neue Aktiengesellschaften gegründet.[270]Ein richtiger Gründungsboom brach in der Zeit 1870-1873 aus. Auslöser war zum einen das Aktiengesetz vom 11. Juni 1870, das die Konzessionspflicht aufhob und die Gründung erleichterte.[271]Zum anderen war genug Anlagekapital vorhanden; durch die Reparationszahlungen der Franzosen wurde zusätzliches Geld frei, das in Neugründungen investiert wurde. 1871-1873 floß ein Kapital von rund 2,9 Milliarden Mark in fast 1.000 Neugründungen, mehr als in den 20 Jahren zuvor.[272]Allein in den Jahren 1870-1872 lag deren durchschnittliche Dividende bei 12,5 Prozent jährlich.[273]

Die Erweiterung des Zollvereins 1851, 1854 und in den 60er Jahren sowie die Gründung des Norddeutschen Bundes 1866 ließen weitere Handelshemmnisse wegfallen und die Freizügigkeit der Arbeitskräfte wurde ermöglicht, zuerst im Norddeutschen Bund, dann im Deutschen

---

[267]Mottek, Wirtschaftsgeschichte, Bd. 2 (wie Anm. 30), S.128; vgl. Blumberg, Finanzierung (wie Anm. 31), S.170.

[268]Wehler, Gesellschaftsgeschichte 1849 (wie Anm. 19), S.81, v. 1800-1850 wurden nur 80 gegründet, ebd.

[269]Mottek, Wirtschaftsgeschichte, Bd.2 (wie Anm. 30), S.138.

[270]Wehler, Gesellschaftsgeschichte 1849 (wie Anm. 19), S.81.

[271]Clasen, Entwicklung (wie Anm. 44), S.120 f.; vgl. Wehler, Gesellschaftsgeschichte 1849 (wie Anm. 19), S.82.

[272]Rosenberg, Depression (wie Anm. 19), S.41; vgl. Wehler; Gesellschaftsgeschichte 1849 (wie Anm. 19), S.82; vgl. auch Klönne, Arbeiterbewegung (wie Anm. 54), S.54.

[273]Wehler, Gesellschaftsgeschichte 1849 (wie Anm. 19), S.82.

Reich. Dies führte insgesamt zu einer Belebung der Konkurrenz und einer Verstärkung der Kapitalanlagen.[274]
Eine weitere positive Rahmenbedingung war die Ausweitung des Verkehrsnetzes. So verbilligte der Ausbau der Schienenstrecken und Wasserstraßen die Transportkosten stark. Insbesondere die Massengüterproduktion wurde dadurch positiv beeinflußt.[275]Auch der billige Transport von Energieträgern zu den Produktionsstätten der Metallindustrie wirkte sich fördernd aus. Das Streckennetz der Eisenbahnen im Deutschen Bund erweiterte sich von 7.123 km (1850) auf 24.769 km (1870).[276]Das Ansteigen der Transportkapazität zeigt sich im Anwachsen der Menge von Güterwaggons von 6825 (1850) auf 76.824 (1870) in Preußen.[277]
Neben Deutz entwickelte sich Mülheim immer stärker zu einem europäischen Eisenbahnverkehrsknotenpunkt der Rheinprovinz. Von 1856 bis 1874 wurden vier weitere Bahnlinien durch Mülheim gebaut, so daß sich insgesamt fünf Eisenbahnlinien in Mülheim kreuzten.[278]Der Bau der Eisenbahnbrücke zwischen Köln und Deutz 1859 mit zwei Gleisen ermöglichte eine durchgehende Zugverbindung von Brüssel bis nach Königsberg.[279] 1864 richtete die Cölner Omnibusgesellschaft eine regelmäßige Omnibuslinie mit drei Wagen zwischen den beiden Industriestädten Mülheim und Deutz ein.[280]
Daß das Zeitalter der industriellen Revolution der Industrie den

---

[274]Dunker, Kapitalbedarf (wie Anm. 16), S.70 und S.128; vgl. Mottek; Verlauf (wie Anm. 17), S.26 f.
[275]Ritter/Tenfelde; Arbeiter (wie Anm. 7), S.47.
[276]Kocka, Arbeitsverhältnisse (wie Anm. 17), S.69; vgl. Mottek, Hans, Becker, Walter, Schröter, Alfred; Wirtschaftsgeschichte Deutschlands, Bd. 3: Von der Zeit der Bismarckschen Reichsgründung 1871 bis zur Niederlage des faschistischen deutschen Imperialismus 1945, Berlin 1975, S.39, der für Deutschland 1870 eine Streckenlänge von 18.871 km angibt.
[277]Becker, Walter; Die Entwicklung der deutschen Maschinenbauindustrie von 1850 bis 1870, in: Schröter, Alfred, Becker, Walter; Die deutsche Maschinenbauindustrie in der industriellen Revolution, Berlin 1962, S.147 u.177.
[278]Köln-Mindener Eisenbahn, Köln-Gießener Eisenbahn, Bergisch-Märkische Eisenbahn, Köln-Lindlarer Eisenbahn, die Rheinische Eisenbahn von Speldorf nach Niederlahnstein, nach Hermanns, Handelskammer (wie Anm. 80), S.103 f.; vgl. Clasen, Entwicklung (wie Anm. 44), S.139; vgl. auch Ayçoberry, Köln (wie Anm. 176), S.269 u. 424; vgl. weiter Aders, Entwicklung 1, (wie Anm. 103), S.54 f.
[279]Kellenbenz, Wirtschaftsentwicklung (wie Anm. 117), S.11; vgl. Ayçoberry, Köln (wie Anm. 176), S.424; vgl. auch Hermanns, Handelskammer (wie Anm. 80), S.96.
[280]Hermanns, Handelskammer (wie Anm. 80), S.110 f.

Durchbruch brachte zeigen die Entwicklungen im Maschinenbaubereich. Ein Indikator dafür ist die Zunahme der Dampfmaschinen. In Preußen stieg deren Zahl von 1.139 (1846) auf über 25.000 (1873) an.[281]Von 1850 bis 1870 verzehnfachte sich die PS-Leistung der Dampfmaschinen in Deutschland. Der Anstieg war stärker als der Englands und Frankreichs, der damals führenden europäischen Industrienationen. Deutschland hatte nun Frankreich überholt.[282]In Rheinland und Westfalen stieg die Zahl der feststehenden Dampfmaschinen von 651 (1849) auf 11.706 (1875) an, d.h. hier standen die meisten Antriebsmaschinen Deutschlands.[283]

Die Maschinenindustrie war der Hauptträger der Industrialisierung. Zwischen 1861 und 1875 wurden in Preußen 882 neue Maschinenfabriken gegründet.[284] Der Grund war, daß viele Fabriken ihren Maschinenpark erweiterten; so wurden Werkzeugmaschinen, Dampfmaschinen, Transmissionssysteme, Verarbeitungsmaschinen (z.B. für Textilien) aller Art und Maschinen für die Eisenbahnen benötigt.[285]Außerdem gab es technische Neuerungen in der Eisenveredelung. Das alte Puddelverfahren wurde langsam durch das ausgereiftere Bessemer-Verfahren und ab 1864 durch den Siemens-Martin Schmelzofen ersetzt.[286]

Die Ära der industriellen Revolution unterlag nun verstärkt den der kapitalistischen Produktion inhärenten zyklischen Krisen. So gab es in dieser Zeit drei Aufschwungphasen und ebenso viele Krisen, die je-

---

281 Nach Ringel, Wirtschaft (wie Anm. 26), S.59 und Kocka, Arbeitsverhältnisse (wie Anm. 17), S.71.

282 Kuczynski; Geschichte 11 (wie Anm. 160), S.122; vgl. Klönne, Arbeiterbewegung (wie Anm. 54), S.37.

283 Lademacher, Rheinlande (wie Anm. 39), S.574; Friedrich Engels beschrieb in seinem Artikel „Der Sozialismus des Herrn Bismarck" für die in Paris erscheinende französische sozialistische Wochenzeitung „L'Égalité" vom 3.3.1880 die Veränderungen im Rheinland: „Wer Rheinpreußen, Westfalen...1849 zum letztenmal gesehen hatte, erkannte sie im Jahre 1864 nicht wieder. Überall waren Maschinen und Dampfkraft eingedrungen. Große Fabriken waren größtenteils an die Stelle der kleinen Werkstätten getreten." (zitiert nach MEW 19, Berlin 1982, S.168).

284 Becker, Entwicklung (wie Anm. 277),S.173.

285 Ebd., S.190 f.; vgl. Schröder, Arbeitergeschichte (wie Anm. 9), S.150 ff.; vgl. auch Kocka, Arbeitsverhältnisse (wie Anm. 17), S.71; vgl. weiter Wehler, Gesellschaftsgeschichte 1849 (wie Anm. 19), S.79.

286 Kocka, Arbeitsverhältnisse (wie Anm. 17), S.71 und Wehler, Gesellschaftsgeschichte 1849 (wie Anm. 19), S.76.

doch unterschiedlich stark ausgeprägt waren. Der erste Aufschwung nach der Krise von 1847/48 setzte schon 1849 ein, erst im Bergbau und in der Hüttenindustrie, gefolgt vom Maschinen- und Eisenbahnbau.[287]In der Seidenindustrie setzte der Aufschwung erst ab 1852/53 ein.[288]Die Jahre von 1853-1856 wurden in Köln als eine erste industrielle Gründerzeit bezeichnet, in den Umlandgemeinden Kalk, Deutz, Mülheim und Ehrenfeld wurden viele neue Fabriken - insbesondere im Metall- und Chemiesektor - gegründet.[289]

Unterbrochen wurde der Aufschwung durch die erste Weltwirtschaftskrise 1857-59. Besonders stark war davon die Textilindustrie betroffen, so auch in Köln und Mülheim.[290]Der beschleunigte Ausbau und die Neugründung von Fabriken hatte zu Überkapazitäten und damit zur Überproduktion geführt. Hinzu kam der Bankrott einer Versicherungs- und Anlagegesellschaft in USA. Dadurch erfolgte eine Kettenreaktion in der Bankenwelt und Industrie, wovon auch das europäische Bankensystem betroffen war.[291]So fiel der Aktienkurs der Köln-Mindener Bahn an der Frankfurter Börse um 11 Prozent, die Kurse anderer Gesellschaften sanken um 10-20 Prozent.[292]

Ab 1859 folgte ein zweiter Aufschwung, Industrie und Bankenwelt erholten sich wieder. Nach einem kurzen Abschwung 1866/67 begannen bald die Gründerjahre. Dieser vehemente Aufschwung, der bis zum Herbst 1873 anhielt, hatte mehrere stärkende Einflüsse. Zum einen führten die Kriege zu einem Absatzplus vieler Waren. Als Folge der Reichsgründung bildete sich ein großer einheitlicher Wirtschaftsraum, der die Absatzchancen deutscher Waren deutlich erhöhte.[293]Mit den dadurch erzielten Gewinnen konnten viele Investitionen in Richtung Erweiterung und Neugründung getätigt werden. Verstärkt wurde dies noch ab 1872 durch die in die deutsche Wirtschaft strömenden

---

[287]Wehler, Gesellschaftsgeschichte 1849 (wie Anm. 19), S.92 f.

[288]Mottek, Wirtschaftsgeschichte, Bd.2 (wie Anm. 30), S.201.

[289]Van Eyll, Wirtschaftsgeschichte (wie Anm. 50), S,256; vgl. Hermanns, Handelskammer (wie Anm. 80), S.14.

[290]Van Eyll, Wirtschaftsgeschichte (wie Anm. 50), S.257; vgl. Mottek, Wirtschaftsgeschichte Bd 2 (wie Anm. 30), S.202 f.

[291]Wehler, Gesellschaftsgeschichte 1849 (wie Anm. 19), S.93; vgl. Mottek, Wirtschaftsgeschichte Bd.2 (wie Anm. 30), S.202 f.; vgl. auch Becker, Entwicklung (wie Anm. 277), S. 159; vgl. weiter Blumberg, Finanzierung (wie Anm. 31), S.204 f.

[292]Kuczynski, Geschichte 11 (wie Anm. 160), S.124 und S.154.

[293]Wehler, Gesellschaftsgeschichte 1849 (wie Anm. 19), S.97.

Beträge aus den französischen Reparationszahlungen. Dadurch konnten Staatsanleihen zurückgezahlt werden, Anlagegelder wurden frei.[294] Auch in Mülheim setzte in der Zeit von 1871-1873 eine Prosperitätsphase ein.[295]Es gab in dieser Zeit neun Firmenneugründungen, fünf im Metall-, zwei im Chemiebereich sowie zwei Fabriken für feuerfeste Steine.[296]Im Deutschen Reich wurden in diesen wenigen Jahren 980 neue Aktiengesellschaften gegründet.
Insgesamt kann über den Zeitraum festgestellt werden, daß die Zeit von 1850-1873 die stärkste Prosperitätsphase in Deutschland bisher war. Dies hatte verschiedene Ursachen: Es gab genügend billige Arbeitskräfte, neue technische Verfahren ermöglichten höhere Quantitäten und bessere Qualität, die Verkehrsinfrastruktur wurde deutlich verbessert,

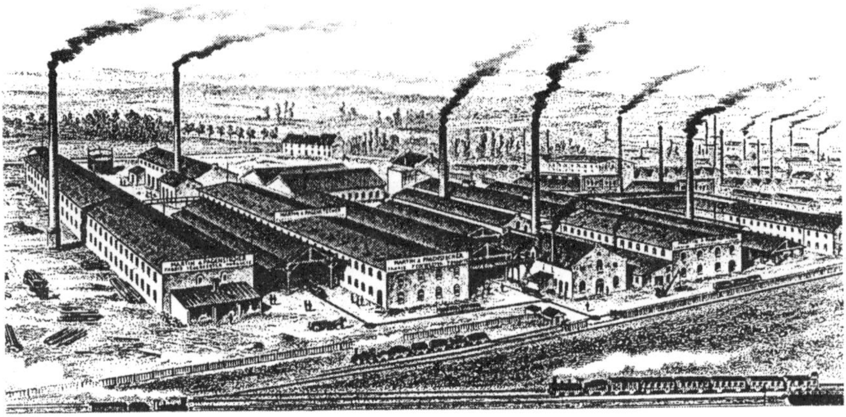

Martin & Pagenstecher, Fabrik feuerfester Steine, gegr. 1873

[294]Ebd., S.98; vgl. Kellenbenz, Hermann, Eyll, Klara van; Die Geschichte der unternehmerischen Selbstverwaltung in Köln 1797-1914, Köln 1972, S.153; vgl. auch Kellenbenz, Wirtschaftsentwicklung (wie Anm. 117), S.88 f.
[295]Hermanns, Handelskammer (wie Anm. 80), S.130; vgl. Wellmann, Georg; Industrialisierung und Eingemeindung. Der Weg zur Eingemeindung Mülheims nach Köln 1871-1914, Mag.Arbeit Neue Geschichte an der Univers. Köln, Köln 1996, S.36 ff.
[296]Eigene Berechnung, siehe auch Anhang; vgl. Zieger, Wohlfahrtspflege (wie Anm. 50), S.10.

und es war genügend Anlagekapital für Firmengründungen, Erweiterungen oder Umstrukturierungen vorhanden.[297]
Im Herbst 1873 begann jedoch die stärkste Krise, die Deutschland aber auch Europa je erlebt hatte.[298]

2. Veränderung der Industriearbeit

Weil relativ wenig Daten über die Industriearbeit im engeren Sinne über diesen Zeitraum vorliegen, werden die Prozesse geschildert, die die Industriearbeit nachhaltig beeinflußten. In der Zeit der industriellen Revolution veränderte sich die gewerbliche Arbeit dramatisch. Herstellungsprozesse wurden immer stärker mit Hilfe von Maschinen oder neuartigen chemischen Verfahren durchgeführt. Statt in handwerklicher Arbeit wurden nun Produkte mit Antriebs- und Weiterverarbeitungsmaschinen hergestellt. Fabriken in den verschiedenen Bereichen entstanden.
War 1850 nur eine geringe Zahl von Arbeitern in Manufaktur/Fabrik/Bergwerk beschäftigt, so war es 1873 schon ein Drittel:[299]

Jahr	**Handw.**		**Verlag**		**Manufaktur/Fabrik/Bergbau**	
	Mio	%	Mio	%	Mio	%
1850	1,7	45	1,5	39	0,6	16
1873	2,4	44	1,2	22	1,8	33

Hintergrund für diese Entwicklung waren auch die technischen Neuentwicklungen, welche die Herstellungsprozesse abwandelten und unter Maschineneinsatz und komplizierten Prozeßabläufen in Großbetriebe verlagerten. Einer grundlegenden Veränderung unterlag dabei die Eisenveredelung. Dies hatte ganz konkrete Auswirkungen auf Mülheim, das ab 1864 eine Eisenhütte beherbergte. Bis Ende des 18./Anfang des 19. Jahrhunderts herrschte für diesen Prozeß in Deutschland das „Frischeverfahren" vor: Ein Roheisenblock wurde in ein offenes Holzkohlenfeuer geschoben. Das noch verunreinigte Schmelzeisen tropfte durch das Feuer. Dabei wurde mit Hilfe eines

[297]Vergleiche zu den Ursachen Puppke; Sozialpolitik (wie Anm. 119), S.18.
[298]Siehe dazu das nächste Kapitel.
[299]Nach Kocka; Arbeitsverhältnisse (wie Anm. 17), S.75.

Blasebalges Luft in das Feuer geblasen, die dann den im Eisen befindlichen Kohlenstoff durch Oxidation band. Das so veredelte Roheisen konnte jetzt schmiedbar weiterverarbeitet werden.[300] Bei Tag- und Nachtschicht konnten in einer Woche in einem Ofen maximal 1,8 t erzeugt werden.[301] Schon 1784 wurde in England das „Puddelverfahren“ erfunden. Unter Verwendung von Steinkohle wurden 200-300 kg Roheisen zumeist in gemauerten Puddelöfen geschmolzen und durch ständiges Umrühren mit langen Stangen mit dem Luftsauerstoff und den Gasen der Steinkohlefeuerung in Kontakt gebracht. Dadurch können der Kohlenstoff und weitere Eisenverunreinigungen (Stickstoff, Phosphor) oxidieren. Danach wurde das Eisen zu Luppen für die Weiterverarbeitung geformt.[302] Der erste Puddelofen Deutschlands wurde 1824 in Rasselstein bei Neuwied errichtet, anfangs nur mit englischen Fachleuten.[303] Jetzt konnte pro Woche mit einem Viertel des Personals das Achtfache, 14,4 t schmiedbares Eisen (Stahl), hergestellt werden.[304] Schon in den 40er Jahren übertraf das neue Verfahren das Holzkohlefrischen, 1860 hatte es sich endgültig durchgesetzt.[305] Insbesondere im Rheinland entwickelte sich dieses Verfahren sehr schnell.[306] Von 1850 bis 1860 erhöhte sich die deutsche Roheisenproduktion um mehr als 150 Prozent.[307]

Das 1855 erfundene Bessemer-Verfahren - eine maschinelle Stahlerzeugung - wurde ab 1860 in Deutschland eingeführt. Dabei wurde das

---

[300] Von Borries, Kara; Das Puddelverfahren in Rheinland und Westfalen, volkswirtschaftlich betrachtet, Düsseldorf 1929, S.13 f.; vgl. Kocka; Arbeitsverhältnisse (wie Anm. 17), S.420 f.

[301] Ebd.

[302] Von Borries, Puddelverfahren (wie Anm. 300), S.19 f.; vgl. Kocka, Arbeitsverhältnisse (wie Anm. 17), S.420 f.; vgl. auch Ritter/Tenfelde; Arbeiter (wie Anm. 7), S.317 ff.; vgl. weiter Mottek, Wirtschaftsgeschichte Bd. 2 (wie Anm. 30), S.116 f.; vgl. Wehler, Gesellschaftsgeschichte 1815 (wie Anm. 17), S.76 ff., Luppen sind Klumpen aus veredeltem Eisen.

[303] Von Borries; Puddelverfahren (wie Anm. 300), S.22; vgl. Mottek, Wirtschaftsgeschichte, Bd. 2 (wie Anm. 30), S.117.

[304] Von Borries, Puddelverfahren (wie Anm. 300), S.19 f.

[305] Ebd., S.26 f.

[306] Schon 1857 stellten Exporteure deutschen Eisenhüttenerzes fest, daß die rheinische Industrie ab jetzt mit den britischen Stahlerzeugnissen auf dem europäischen Markt konkurrieren könne, so Ayçoberry; Köln (wie Anm. 176), S.294.

[307] In Frankreich nur um 125 %, in England um 73 %, so Kuczynski, Jürgen; Die Geschichte der Lage der Arbeiter unter dem Kapitalismus, Bd.2, Darstellung der Lage der Arbeiter in Deutschland von 1849 bis 1870, Berlin 1962, S.14.

Roheisen in mehreren Meter hohen birnenförmigen Konvertern dadurch veredelt, daß durch den Boden maschinell Luft geblasen wurde, um so die Beimengungen aus dem Roheisen zu binden.[308]Obwohl nun bis zu 75 mal höhere Stahlmengen produziert werden konnten, setzte sich dieses Verfahren anfangs nur schwer durch, da hierfür nur bestimmte phosphorfreie Erze verwendet werden konnten, die es in Deutschland nicht gab.[309]Deshalb profitierten vom Aufschwung 1871-1873 insbesondere die Puddelöfen.[310]

Die weiterverarbeitende Industrie - insbesondere der Maschinenbau - benötigte diesen Stahl als Rohstoff in steigendem Maße. Dies zeigt auch die ansteigende Beschäftigungszahl in der Roheisen- und Stahlproduktion des Deutschen Zollvereins von 33.995 (1850) auf 106.724 (1873) Arbeiter. [311]Während in den 40er und 50er Jahren die Maschinenfabriken noch universal produzierten, spezialisierten sie sich in den 60er und verstärkt 70er Jahren immer mehr.[312]Hinzu kam, daß die Technik der Weiterverarbeitung immer besser wurde, es gab nun Walzstraßen, Fräsmaschinen, maschinengetriebene Drehbänke und Bohrmaschinen.[313] Nun konnten auch Bereiche mit Maschinen ausgestattet werden, die vorher noch im Handbetrieb herstellten. Dazu gehörten auch die mechanischen Webstühle in der Seidenbandweberei. So erhöhte sich die Zahl der Maschinenwebstühle in Preußen von 361 (1852)[314] auf 1.270 (1865).[315]Dies lag auch daran, daß verstärkt nicht so wertvolle Abfallseide (sog. Chappe) und ein steigender Baumwollanteil verwandt wurden. Diese wurde insbesondere für die einer stär-

---

[308]Kocka, Arbeitsverhältnisse (wie Anm. 17), S.422 ff.; vgl. Becker, Entwicklung (wie Anm. 277), S.160; vgl. auch Wehler, Gesellschaftsgeschichte 1849 (wie Anm. 19), S.75 f.

[309]Von Borries, Puddelverfahren (wie Anm. 300), S.56; vgl. Wehler, Gesellschaftsgeschichte 1849 (wie Anm. 19), S.76.

[310]Ebd.

[311]Ebd.; S.75.

[312]Becker, Entwicklung (wie Anm. 277), S.202.

[313]Mottek, Wirtschaftsgeschichte, Bd 2 (wie Anm. 30), S.174 f.; vgl. Schröter, Alfred; Die Entstehung der deutschen Maschinenbauindustrie in der ersten Hälfte des 19. Jahrhunderts, in: Schröter, Alfred, Becker, Walter; Die deutsche Maschinenbauindustrie in der industriellen Revolution, Berlin 1962, S.88; vgl. Kocka, Arbeiterexistenzen (wie Anm. 17), S,424.

[314]Jahrbuch für die amtliche Statistik des preußischen Staats, Berlin 1863, S.452.

[315]Von Viebahn, Georg; Statistik des zollvereinten und nördlichen Deutschlands, 3. Teil, Berlin 1868, S.938, (Viebahn, 3).

keren Belastung unterliegenden Kettfäden benutzt.[316]
Neben der Entwicklung der Eisenveredelung und der Spezialmaschinen gab es auch Veränderungen in den chemischen Herstellungsprozessen, die sich wie die beiden zuvor geschilderten Neuerungen in Mülheim auswirkten.[317] Ein Beispiel ist in der Bleifarbenproduktion zu finden, die durch die vielen Neubauten mit Eisen- und Stahlkonstruktionen ab den 50er Jahren einen großen Aufschwung erlebte.[318]Während Bleiweiß bis zur Mitte des Jahrhunderts noch im „holländischen“ oder „Loogenverfahren“ hergestellt wurde, wurde dies danach immer mehr vom deutschen Kammerverfahren abgelöst.[319] Im Loogenverfahren wurden große Steinguttöpfe zu ¼ mit Essig gefüllt.

Bleiweißfabrik Lindgens & Söhne

[316]Während in den 60er Jahren der Seidenanteil noch deutlich über 50% lag, nahm er danach immer mehr ab, so daß in den 70er Jahren die Baumwolle überwog, so Brauns, Übergang (wie Anm. 14), S.17; vgl. v.d.Upwich, Geschichte (wie Anm. 69), S.117 f.
[317]So sagt Schröder zu Recht, daß ein weiteres Kennzeichen der kapitalistischen Warenproduktion in der Fabrik die Revolutionierung des chemischen Prozesses war, in ders., Arbeitergeschichte (wie Anm. 9), S.152.
[318]Vgl. Klein-Meynen, Dieter, Meynen, Henriette, Kierdorf, Alexander; Kölner Wirtschaftsarchitektur von der Gründerzeit bis zum Wiederaufbau, Köln 1996, S.42.
[319]Pohl u.a.; Industrie (wie Anm. 28), S.36 ff.

Auf die in ihnen befindlichen Holzroste wurden über den Essig dünne Bleiplatten gelegt. Nach dem Verschließen der Töpfe wurden die Zwischenräume in der Kammer, „Looge“ genannt, mit Pferdemist oder Gerberlohe aufgefüllt. In dem anschließenden vier bis fünf Monate dauernden Gärprozeß verdunstete durch die freiwerdende Wärme der Essig, und es entstand mit Hilfe von Kohlensäure Bleiweiß.[320]In dem neuen Kammerverfahren wurden in eine große begehbare Kammer dünne Bleiplatten gehängt. Aus einem Nebenraum wurden Essigdämpfe und Kohlensäure mit Hilfe von mit Dampfmaschinen betriebenen Pumpen in den geschlossenen Raum geleitet. Nach ca. acht Wochen war reines Bleiweiß entstanden. Dieser Prozeß war gegenüber dem alten Verfahren zwei- bis dreimal schneller, das Ergebnis gleichmäßiger.[321]Die nach 1860 gegründeten Bleiweißfabriken arbeiteten alle nach dem neuen Kammerverfahren.[322]
Insbesondere für die Maschinenfabriken, aber auch für die weiterverarbeitende Industrie wurden handwerklich ausgebildete Arbeitskräfte benötigt; speziell Schlosser, Klempner und Schreiner wurden gesucht. Da die Industrie selbst nicht ausbildete, lieferte das Handwerk diese Arbeitskräfte. So gab es in der Zeit von 1860 bis 1866 in Deutschland Klagen wegen fehlender Handwerker, da zu viele in die neuen Fabriken abwanderten. Denn auch die Beschäftigtenzahl im Handwerk nahm weiter zu: Es hatten sich neue Betätigungsfelder in Nischenbereichen und in der Reparatursparte erschlossen. [323]
Im Rheinland überflügelte ab Mitte des 19. Jahrhunderts die Metallindustrie die bisher führende Textilindustrie.[324]In Mülheim blieb jedoch in der Zeit der industriellen Revolution die Textilindustrie - insbesondere die Seidenweberei - bestimmend:

---

[320]Ebd.
[321]Ebd.
[322]Ebd., S.74.
[323]Becker, Entwicklung (wie Anm. 277), S.225; vgl. Mottek/Becker/Schröter, Wirtschaftsgeschichte 3 (wie Anm. 276), S.58; vgl. weiter Wehler, Gesellschaftsgeschichte 1849 (wie Anm. 19), S.62 f.; aus dem Schuster wurde der „Flickschuster“, so Wehler, Gesellschaftsgeschichte 1815 (wie Anm. 17), S.64.
[324]Kuske, Bruno; Gewerbe, Handel und Verkehr, in: Geschichte des Rheinlands von der ältesten Zeit bis zur Gegenwart in zwei Bänden , 2. Bd.: Kulturgeschichte, hrg. von H. Aubin u.a., Essen 1922, S.156.

Beschäftigtenzahl Mülheimer Arbeiter in ausgesuchten Sparten

Jahr	Textilgew.	Metallgew.	Chemie	Tabakind.
1857[325]	523	135	10	168
1872[326]	916	610	128	keine Angabe

In diesem Zeitraum war die Beschäftigtenzahl im Seidengewerbe sogar weiter angestiegen, den größten Anstieg wiesen jedoch die Metallindustrie und die chemische Industrie auf.[327] Der Anteil der beiden Sparten Textil und Metall am sekundären Sektor veränderte sich von 1853 bis 1875 deutlich in Richtung Metallverarbeitung:

Jahr	Besch. im Textilber.	Besch. im Metallber.
1853[328]	33,8 %	4,8 %
1875[329]	39,2 %	21,6 %

Ein Indikator für die Entwicklung der Industriearbeit ist neben der PS-Zahl die Anzahl von Dampfmaschinen. Während es 1849 in Preußen schon 1.139 dieser Antriebsmaschinen gab, hatte Mülheim noch keine.[330] 1861 war die Zahl in Preußen auf 8647 angestiegen,[331] Mülheim hatte nun drei Dampfmaschinen mit zusammen 38 PS.[332]Die erste

[325]HSAD LAMü, Nr.93, S.76 ff., ergänzt durch die Zahlen im Metallbereich (anteilige Mülheimer Beschäftigten bei van der Zypen - 1/3 der Belegschaft), siehe Wefelmeier, Entwicklung (wie Anm. 108), S.18 und rund 5 Beschäftigte der Fabrik für tragbare Schmiedeherde von Ransonet, Kluge Adreßbuch 1857, sowie im Chemiebereich durch 5 Beschäftigte bei der Firnisfabrik Wolff-Rosa , siehe MSKB v.28.6.1857.

[326]HAStK, Best.870, Nr.1557, S.21-44, ergänzt durch die Beschäftigten bei Bodewig und Freydank (MKB v.7.8.1872), im Metallbereich durch die Mülheimer anteilig Beschäftigten bei van der Zypen (Porteck, Eisenbahnwagenbau, wie Anm. 108, S.67; vgl. MA v.29.11.1876) und bei der Gasmotorenfabrik Deutz, die mehrheitlich auf Mülheimer Gebiet lag, siehe Wefelmeier, Entwicklung (wie Anm. 108), S.24; vgl. Hermanns, Handelskammer (wie Anm. 80), S.38.

[327]S.o.

[328]Reiberg, 1 (wie Anm. 66), S.104 f.

[329]Reiberg, Ludger; Die Sozialtopographie Mülheims. Ein Beitrag zur Bevölkerungsgeschichte und Stadtentwicklung, Teil 2 (1850-1939), in Rechtsrheinisches Köln, 8, Köln 1982, S.37 f.(Reiberg, 2).

[330]Ringel, Wirtschaft (wie Anm. 26), S.59.

[331]Ebd.

[332]HAStK, Best. 870, Nr.1865, S.426.

wurde 1855 bei der Bleiweißfabrik Lindgens aufgestellt,[333] die zweite mit 18 PS folgte zwischen 1858 und 1860 bei der Seidenfabrik Andreae zum Antrieb der ersten Bandwebstühle.[334] Die dritte war in einer Mehlfabrik untergebracht.[335]

Bestimmend blieb in Mülheim weiterhin das Textilgewerbe, besonders die Seidenweberei mit den Produkten Samtband, Taftband und Seidenstoffe. In der Zeit von 1850 bis 1873 siedelten sich zu den beiden seit dem 18. Jahrhundert produzierenden Fabriken Andreae und Steinkauler und der 1843 gegründeten Wedemeyer und Hölterhoff sechs weitere Betriebe an:

1850	Goldenberg und Seyffert	Seidenfabrik[336]
1855	vom Bruck und Söhne	Seidenfabrik[337]
1855	Schmidt und Steinkäuler	Seidenfabrik[338]
1864	Rommel, Weiß und Co	Segeltuchfabrik[339]
1865	Bodewig und Freydank	Leineweberei[340]
1865	Fischer und Co	Taftbandfabrik[341]

Die Ansiedlung gerade in Mülheim hing auch damit zusammen, daß in der Stadt viele qualifizierte Seidenweber/Seidenweberinnen wohnten. Trotzdem konnte der Bedarf an Webern nicht befriedigt werden. Zum Teil lag dies auch daran, daß viele Seidenweber in die Maschinenfabriken abwanderten, die bis zu 70 Prozent höhere Löhne zahlten.[342] Viele Mülheimer Seidenfabriken siedelten sich deshalb in Um-

---

[333] HSAD, LAMü, Nr.109, S.46 (Antrag) und S.57 (Genehmigung).

[334] Reiberg, 2 (wie Anm. 329), S.37.

[335] Tabellen und amtliche Nachrichten über den Preussischen Staat für das Jahr 1858, Berlin 1860, S.581.

[336] Reiberg 1 (wie Anm. 66), S.81; der Betrieb siedelte 1855 nach Deutz über, s. HSAD, LAMü, Nr.86, S.126.

[337] HSAD LAMü, Nr.86, S.126; das Stammhaus war in Krefeld beheimatet, s. MSKB v.10.12.1856; in der Aufstellung von 1872 wird der Betrieb nicht mehr genannt.

[338] HSAD LAMü, Nr.86, S.126; in der Aufstellung von 1872 wird der Betrieb nicht mehr genannt.

[339] Hermanns, Handelskammer (wie Anm. 80), S.66.

[340] MVB v.1.6.1865.

[341] MVB v.7.10.1865; der Betrieb wurde Ende 1876 eingestellt, s. HAStK, Best.870, Nr.1557, S.11.

[342] Ulrich, Industrie (wie Anm. 74), S.169; vgl. Beaucamp, Jorg; Die Textilwirtschaft im Bezirk der Industrie- und Handelskammer zu Köln und ihre räumliche Verflech-

landgemeinden und Nachbarstädten an. So sind Niederlassungen Mülheimer Betriebe in Gladbach, Merheim, Odenthal, Schlehbusch, Opladen, Leichlingen und Köln nachgewiesen.[343] Diese Abwanderungstendenz läßt sich besonders gut für die Zeit von 1849 bis 1856 dokumentieren:

Jahr	**Anz. Webstühle aller Mülheimer Fabriken**	**davon in Mülheim**	**in Prozent**
1849	724	349	48,2
1850	889	398	44,8
1852	1270	458	36,1
1856	1404	423	30,1[344]

Um dem Umstand abzuhelfen, wurde am 1. Oktober 1852 in Mülheim die erste höhere Webschule anfangs als Aktiengesellschaft gegründet. 1853 wurde sie in städtische Regie übernommen.[345] Jährlich nahm sie im Durchschnitt 41 Schülerinnen und Schüler auf. 1862 wurden der Schule eine Färberei und mechanische Weberei angegliedert. Bis 1872 bildete sie insgesamt 870 Schüler aus.[346]

1860 führte die Seidenfabrik Andreae die ersten 40 mechanischen Webstühle in Mülheim zur Herstellung von Taftband ein. Als Antriebsquelle diente eine Dampfmaschine mit 18 PS.[347] Am Ende des Jahres folgte die zweite Dampfmaschine.[348] In der Fabrik waren nun 35 männliche und 20 weibliche Arbeiter beschäftigt, an den Maschinenstühlen, in der Färberei und Appretur.[349] Bald schafften sich auch

---

tung, Diss.masch.schr., Köln 1952, S.22.

343 HAStK, Best. 870, Nr. 363 o.P., dort ist eine Auflistung für die Jahre 1850-1856 über die Außenstellen der Mülheimer Seidenwebereien.

344 Ebd.

345 Jb der HK Mülheim 1872, S.75 f.

346 Ebd.; vgl. Kellenbenz, Wirtschaftsentwicklung (wie Anm. 117), S.14.

347 Bremer, Großindustrie (wie Anm. 15), S.53; vgl. Kellenbenz, Wirtschaftsentwicklung (wie Anm. 117), S.71; vgl. auch Hermanns, Handelskammer (wie Anm. 80), S.62; dies geschah relativ spät, in Wuppertal wurden die ersten drei Maschinenstühle für Seide und Halbseide schon zwischen 1844 und 1846 eingeführt, s. Hoth, Industrialisierung (wie Abm. 68), S.160; 1855 liefen dort schon 94 mechanische Stühle, ebd., S.182.

348 MVB v. 15.11.1860.

349 HAStK, Best. 870, Nr. 1865, S.431.

die anderen Seidenfabriken Maschinenstühle an, so u.a. die neugegründete Seidenbandfabrik Fischer und Co.[350] Die beiden Segeltuch- und Leinewebereien arbeiteten von Anfang an mit mechanischen Stühlen.[351] Auch weil sich jetzt erst die ersten Maschinenfabriken in Mülheim ansiedelten, kann nun (in den 60er Jahren) von einer echten Industrialisierung gesprochen werden. Die Seidenfabriken behielten trotz der mechanischen Stühle ihre Handwebstühle weiter. Dies lag zum einen daran, daß die feinen Seidenstoffe und die komplizierten Muster für die Bänder noch nicht mit den Maschinenstühlen hergestellt werden konnten.[352] Der andere Grund war, daß mit Hilfe der Handwebstühle sich das Unternehmerrisiko besser verteilen ließ. Zur Hochkonjunktur wurden alle Maschinen- und Handwebstühle voll eingesetzt. In Zeiten der Rezession wurde in den Fabriken weiter produziert - zum Teil auf Lager. Die Handweber blieben in dieser Zeit ohne Arbeit oder wurden nur halb beschäftigt.[353]

Zur zweitstärksten Branche entwickelten sich die Metallbetriebe, sie lösten damit die Tabaksfabriken ab, die 1850 noch an dieser Position standen. Sehr viel später als in den benachbarten Orten Deutz und Kalk hatte sich in Mülheim die metallverarbeitende Industrie angesiedelt. Allen drei Orten war gemein, daß sich Kölner Kaufleute und Industrielle billige Areale und Arbeitskräfte suchten, die sie in dem durch die Stadtmauern und Rayonbestimmungen beengten Köln nicht finden konnten.[354]

Schon 1845 hatte sich in Deutz an der Grenze zu Mülheim die Eisenbahnwagen- und Maschinenfabrik van der Zypen und Charlier angesiedelt. Ihre Belegschaft wuchs von 250 (1851) auf rund 1.000 (1875) an, darunter waren viele Mülheimer.[355] Der Betrieb profitierte davon,

---

[350] MVB v. 7.10.1865.

[351] Hermanns, Handelskammer (wie Anm. 80), S.66 für Rommel und Weiß; MVB v. 1.6.1865 für Bodewig u. Freydank; in der Leineweberei hatte sich der Maschinenstuhl schon in den 40er Jahren durchgesetzt.

[352] V.d. Upwich, Geschichte (wie Anm. 69), S.159 f.

[353] Borscheid, Textilarbeiterschaft (wie Anm. 6), S.21 f.; vgl. v.d. Upwich, Geschichte (wie Anm. 69), S.162, der dort folgende Charakterisierung für die beiden Produktionsarten abgibt: mechanischer Stuhl = Stapelartikel, fortlaufende Beschäftigung, niedriger Lohn; Handstuhl = Modeartikel, hoher Lohn, oft Arbeitslosigkeit.

[354] Stadt Cöln (Hg.); Die Stadt Cöln im 1. Jahrhundert unter Preußischer Herrschaft. 1815 bis 1915, Band I, 1. Teil, Cöln 1916, S.672; vgl. Kölner Unternehmer (wie Anm. 44), S.54.

[355] So in dem Bericht des Mülheimer Bürgermeisters an den Landrat vom 16.1.1861,

daß immer mehr Eisenbahnwaggons gebaut wurden, insbesondere als ab 1850 mehr Normwaggons mit größerem Ladegewicht entstanden.[356] Der erste Metallindustriebetrieb im Mülheimer Stadtgebiet war 1857 die Fabrik für tragbare Schmiedeherde von Franz Ransonet.[357] Er hatte wohl keine so große Bedeutung, denn in den Auflistungen der Industriebetriebe von 1872 und später erschien er nicht (oder nicht mehr). Danach kam ein Betrieb nach dem anderen:

1859 Wagenfabrik Arnold Israel[358]
1864 Mülheimer Eisenhütte[359]
1869 Lange, Otto und Rosen, ab 1872 Gasmotorenfabrik Deutz[360]
1869 Werkzeugmaschinenfabrik H. Eulenberg[361]
1872 Eisengießerei D'Heur[362]

An den Betriebsgründungen zeigt sich, daß es sich bei den Maschinenfabriken um die der zweiten Generation handelt, Fabriken für Spezialmaschinen (Eisenbahnwagen, Gasmotoren, Werkzeugmaschinen).[363]Ab Mitte der 60er Jahre finden sich in den Zeitungen die Anzeigen verschiedener Mülheimer Fabriken, worin Handwerker gesucht werden.[364] Diese handwerklich ausgebildeten Arbeiter standen in den

---

HAStK, Best. 870, Nr.263 o.P.; Beschäftigtenzahl 1851 nach Wefelmeier, Entwicklung (wie Anm. 108), S.18, die Zahlen von 1875 nach MA v. 29.11.1876; bei Berechnungen der Mülheimer Industriearbeiter werden deren Belegschaft zu 1/3 für Mülheim gerechnet.

356 Becker, Entwicklung (wie Anm. 277), S.207.

357 Kluge, E. Adreßbuch 1857.

358 HSAD LAMü, Nr.93, S.164.

359 HSAD, LAMü, Nr.338, S.58.

360 Wefelmeier, Entwicklung (wie Anm. 108), S.24; vgl. van Eyll, Wirtschaftsgeschichte (wie Anm. 50), S.192; vgl. auch Reuß, Hans-Jürgen; Die Vorläuferfirmen der Klöckner-Humboldt-Deutz AG von 1864 bis 1930, in: Rechtsrheinisches Köln, 2, Köln 1976, S.130 f.; dieser Betrieb lag trotz des Namens Deutz zum größeren Teil auf Mülheimer Gebiet, die Belegschaft kam zumeist aus Mülheim, so Bendel, Geschichte (wie Anm. 16), S.420; in einem langwierigen Verfahren, das erst 1903 endete, einigten sich die Städte Köln und Mülheim auf die Aufteilung der Einkommenssteuer, die nun zu 55 % nach Mülheim floß, so Hermanns, Handelskammer (wie Anm. 80), S.38.

361 MKB v. 25.4.1869; vgl. Wefelmeier, Entwicklung (wie Anm. 108), S.24.

362 HAStK, Best. 870, Nr.1557, S.2.

363 Vgl. Mottek, Wirtschaftsgeschichte, Bd.2 (wie Anm. 30), S.174 ff.

364 Beispielhaft: Israel inserierte mehrfach 1864 im MVB „Fabrik sucht ... geübte Schlosser für dauerhafte Beschäftigung..“, so am 5.5.1864 und 12.5.1864.

Betrieben an der Spitze der Arbeiterhierarchie über den geschickten und angelernten Arbeitern, darunter stand die Masse der Hilfsarbeiter.[365]

Die wechselhafteste Geschichte hatte die 1864 gegründete Mülheimer Hütte (später Mülheimer Eisenhütte genannt). Es handelte sich dabei um einen speziellen Puddelofen, den „Rasjet-Hochofen" mit rechtekkigem Zuschnitt, der im Norden Mülheims an der Mündung des Faulbachs in den Rhein lag.[366] Erster Besitzer war Elfes und Co. Mit Hilfe von westfälischem Koks, damals Coaks genannt, wurde Eisenerz zu schmiedbarem Roheisen umgewandelt.[367]Der An- und Abtransport geschah mit einem separaten Gleisanschluß an die Köln-Mindener-Eisenbahn.[368]

Schon der erste Tag stand unter einem ungünstigen Stern. Ein Arbeiter erstickte durch Einatmen von „Kohlendampf". Die Lebensrettungsversuche blieben ohne Erfolg.[369] Wegen der schlechten Erze, des verunreinigten Kokses, der billigen Maschinen und der ungeschulten Arbeiter gab es viele Pannen, selten gab es achtstündige durchgehende Arbeit. Dampfrohre platzten, Pumpen versagten, die Förderseile rissen mehrfach.[370]Der eingestellte erfahrene Puddler mußte trotz der Widrigkeiten versuchen, das Werk an der Arbeit zu halten. Das Puddeln war Schwerarbeit. Mit langen gebogenen Stangen rührte der Puddler im glühenden Eisenbad. Er mußte aufmerksam den richtigen Zeitpunkt zum Rühren, Abschlacken, Aufbrechen und „Luppenmachen" bestimmen. [371] Dies geschah bei extrem wechselnden Temperaturen, Schmutz, Gasen, Geruchsbelästigung und Funkenflug. Es gab eine hohe Unfallgefährdung, denn das oft explodierende glühende Eisen führte zu Verbrennungen, schwere Lasten verursachten Quetschungen und Knochenbrüche.[372] Wegen der vielen Pannen wurde der Ofen am

---

[365]Wehler, Gesellschaftsgeschichte 1849 (wie Anm. 19), S.141 ff.

[366]Aders, Entwicklung 1 (wie Anm. 103), S.59; vgl. Seeling, Hans; Die Eisenhütten in Heerdt und Mülheim am Rhein (Schriften zur Rheinisch-Westfälischen Wirtschaftsgeschichte, Bd. 24), Köln 1972, S.105 und S.111.

[367]HSAD, LAMü, Nr. 338, S.58.

[368]Ebd.

[369]MVB v. 1.5.1864; vgl. Seeling, Eisenhütten (wie Anm. 366), S.110.

[370]Ebd.

[371]Von Borries, Puddelverfahren (wie Anm. 300), S.19 f.

[372]Ebd.; vgl. Kocka, Arbeitsverhältnisse (wie Anm. 17), S.421 f,; vgl. Ritter/Tenfelde, Arbeiter (wie Anm. 7), S.317 ff.

5. Dezember wieder ausgeblasen.[373]Nach einer kurzen weiteren Laufzeit Anfang des Jahres ging der Betrieb am 5. Mai 1865 in Konkurs.[374] Für den Monat April und die Tage im Mai hatten die Arbeiter keinen Lohn bekommen.[375] Um wenigstens einen Teil einzutreiben, versteigerte der Gewerbegerichtssekretär im Januar 1866 Büromöbel, Werkzeuge, Fässer, Leitern, Stapelholz usw. öffentlich.[376]Im Sommer 1865 kaufte der Essener Großunternehmer Grillo den Ofen mit vier Dampfmaschinen, einem Gebläse und einer Fördermaschine.[377]Im Frühjahr 1866 wurde der Ofen zum dritten Mal angeblasen, die Produktion weitete sich erheblich aus. So beantragte Grillo im Oktober des Jahres die Anlage von 20 Koksöfen. 1867 machte sich die Krise auch bei der Mülheimer Hütte bemerkbar, die Produktion ging zurück.[378]Am 24. Juni 1868 wurde der Hochofenbetrieb wieder eingestellt, das gesamte Personal von 77 Arbeitern von einem auf den anderen Tag entlassen. 142 Familienangehörige waren ohne Hauptverdiener.[379]Im nächsten Jahr wechselte die Hütte wieder den Besitzer, jetzt kaufte der reiche Troisdorfer Kaufmann Heinrich Gericke das Unternehmen.[380] Die Öfen wurden nun der runden Form angepaßt. Im Juli 1869 wurde der Ofen angeblasen, die Tätigkeit nahm zu, kaum konnten alle Aufträge bewältigt werden.[381]Einziges Produkt war Spiegeleisen für den Export, Hauptabnehmer war England. 1870 wurde ein zweiter Hochofen in Betrieb genommen. Das verarbeitete Eisenerz kam aus der Grube Katharina in Lustheide bei Bensberg.[382]Trotz großen Auftragspolsters konnten wegen des kriegsbedingten Kohlenmangels im Jahre 1871 nicht alle Aufträge ausgeführt werden, zeitweise mußte sogar ein Hochofen ausgeblasen werden.[383] Der Verdienst war gut, die Arbeiter verdienten am Tag zwischen 15 und 35 Silbergro-

[373]MVB v. 30.4.1860.
[374]Seeling, Eisenhütten (wie Anm. 366), S.111.
[375]HSAD, LAMü, Nr. 433, S.2 f.; vgl. MVB v. 4.1.1866.
[376]Ebd.
[377]Seeling, Eisenhütten (wie Anm. 366), S.111.
[378]HSAD, LAMü, Nr. 338, S.99.
[379]Seeling, Eisenhütten (wie Anm. 366), S.112.
[380]Ebd.
[381]HSAD,LAMü, Nr.339, S.5 f.
[382]HSAD, LAMü, Nr. 339, S.11; vgl. Seeling, Eisenhütten (wie Anm. 366), S.113.
[383]HSAD, LAMü, Nr. 339, S.21; vgl. Seeling, Eisenhütten (wie Anm. 366), S.113.

schen.[384]Die nächsten beiden Jahre waren die besten in der Geschichte des Hütte.[385] 20 weitere Koksöfen wurden errichtet. Das Werk wechselte noch einmal den Besitzer, 1872 kaufte der Bochumer Verein die Hütte.[386] Die Roheisenpreise stiegen steil in die Höhe, wovon das Werk profitierte. Bei einem zwölfstündigen Arbeitstag und rund um die Uhr-Schicht verdienten die Arbeiter im Schnitt für die 12 Stunden 25 Sgr.[387]

Beschäftigtenzahl der Mülheimer Hütte von 1864 bis 1873[388]

Jahr	1864	1865	1866	1867	1868	1869	1870	1871	1872
Arb.	85	0	80	77	0	112	170	240	170

Am Ende des Betrachtungszeitraums entwickelte sich die chemische Industrie zur drittstärksten Branche. Dazu trug insbesondere die Bleifarbenherstellung bei. Folgende Unternehmen wurden in der Zeit gegründet:

1851	Lindgens und Söhne	Bleifarben, Bleiwaren[389]
1863	August Lüttgen	Chemische Fabrik für Ammoniak[390]
1866	Bergmann und Simons	Bleiweißfabrik[391]
1872	Hartmann und Lucke	Chem.Fabrik für Benzole u.Toluole[392]

---

[384]Ebd.

[385]Seeling, Eisenhütten (wie Anm. 366), S.113.

[386]Kuczynski, Jürgen; Die Geschichte der Lage der Arbeiter unter dem Kapitalismus, Bd. 14, Zur Frühgeschichte des deutschen Monopolkapitals und des staatsmonopolistischen Kapitalismus, Berlin 1962, S.26.

[387]Jahresbericht der Handelskammer für den Kreis Mülheim am Rhein für die Jahre 1872, S.47; vgl. Seeling, Eisenhütten (wie Anm. 366), S.113.

[388]HASD, LAMü, Nr. 338 und 339, auch Seeling, Eisenhütten (wie Anm. 366), S.111-115.

[389]Van Eyll, Wirtschaftsgeschichte (wie Anm. 50), S.195; vgl. Hermanns, Handelskammer (wie Anm. 80), S.53; vgl. Klein-Meynen, Wirtschaftsarchitektur (wie Anm. 318), S.41.

[390]RWWA 2/4/5 o.P.

[391]Bendel, Stadt (wie Anm. 16), S.419; vgl. Hermanns, Handelskammer (wie Anm. 80), S.54.

[392]MKB v. 11.12.1872; vgl. Bendel, Stadt (wie Anm. 16), S.420.

Die Bleifarbenwerke des Rheinlandes aber insbesondere die Mülheims wurden zu den führenden Unternehmen in dieser Sparte. Besonders positiv wirkten sich die Bleivorkommen im Bensberger Raum aber auch in Neuwied, Altenkirchen und dem Siegkreis aus; die Transportwege waren gering.[393]Ein weiterer wichtiger Standortvorteil war die im Rheinland hochentwickelte Essigfabrikation, denn Essig war ein wichtiger Rohstoff.[394] Während Lindgens bei der Bleifarbenherstellung in den Anfangsjahren noch mit dem Loogenverfahren arbeitete, setzte sich bei ihm und in der neu gegründeten Fabrik von Bergmann und Simons in den 60er Jahren das deutsche Kammerverfahren durch.[395] Sehr früh wurden in den Bleifarbenwerken Maschinen eingesetzt. Sie dienten der Zerkleinerung des Bleierzes und dem Ablösen des Bleiweißes vom Blei. Außerdem mußte das Bleiweiß fein gemahlen werden. So stellten die beiden Mülheimer Bleiweißfabriken kurz nach ihrer Gründung Dampfmaschinen auf.[396]Lindgens hatte in England die Mennigeproduktion - ein weiteres Bleifarbenprodukt - erlernt, er gründete in Mülheim mit diesen Kenntnissen die erste Mennigefabrik des Rheinlands. Später gliederte er noch eine Bleiröhrenfabrik und eine Bleiwalzproduktion an.[397]
Die Arbeitsbedingungen in den Bleifarbenfabriken waren extrem gesundheitsgefährdend. Die Luft in den Werkräumen war voller gefährlichen Bleistaubs.[398]So erkrankten die Arbeiter an Hautkrankheiten, Atembeschwerden, Bleivergiftungen und Bleikoliken. Bei den Koliken zeigten sich die ersten Krankheitssymptome durch Abmagerung, bleiche Gesichtsfarbe, Mattigkeit und graublaue Farbe des Zahnfleisches. Da fast alle Bleiarbeiter darunter litten, wurde dies als normal angesehen. Die Krankheitssymptome verschlimmerten sich bis zu zeitweisen Lähmungen. Eine ein- bis zweiwöchige Arbeitsunfähigkeit

---

[393]Stadt Cöln, Bd. I,1 (wie Anm. 354), S.383; vgl. Walter, Gustav Adolf; Die geschichtliche Entwicklung der rheinischen Mineralfarben-Industrie vom Beginn des 19. Jahrhunderts bis zum Ausbruch des Weltkrieges. Ein Beitrag zur rheinischen Industriegeschichte, Essen 1922, S.84 f.; vgl. auch Pohl u.a., Industrie(wie Anm. 28), S.74.
[394]Walter, Entwicklung (wie Anm. 393), S.84 f.
[395]Pohl u.a., Industrie (wie Anm. 28), S.47 und S.74.
[396]Ebd., S.57 f.; vgl. Walter, Entwicklung (wie Anm. 393), S.84 f.
[397]Walter, Entwicklung (wie Anm. 393), S.29 f.; vgl. Pohl u.a., Industrie (wie Anm. 28), S.44.
[398]Amendt, Lage (wie Anm. 105), S.412.

war dann die Folge.[399] Wegen dieser Bedingungen hielten es die wenigsten länger als ein Jahr in diesen Fabriken aus.[400] Eine solche Arbeit suchten zumeist nur ungelernte oder angelernte Arbeitskräfte, oft aus den ländlichen Unterschichten des Umlandes.[401] Häufig waren es vorbestrafte Arbeiter, die in anderen Fabriken nicht aufgenommen wurden. Ein gelernter Arbeiter suchte eine solche Stelle nur in Krisenzeiten.[402] Wegen der vielen Gesundheitsgefährdungen wurden - oft erst auf Behördendruck - Sicherheitsmaßnahmen angeordnet. Die Arbeiter verbanden Mund und Nase mit nassen Tüchern, gurgelten mit Wasser und Essig, wuschen sich nach der Arbeit mit Seifenwasser und wechselten die Kleider. Aber dies wurde erst ab Mitte der 70er Jahre durchgesetzt, als auch für den Regierungsbezirk Köln der erste Fabrikinspektor eingesetzt wurde.[403]

Zwei weitere Sparten gründeten verstärkt in Mülheim Fabriken, die Teer- und Dachpappenproduktion mit vier Neugründungen von 1855

[399] Ebd., S.441 ff.; vgl. Kocka, Arbeitsverhältnisse, (wie Anm. 17), S.47 f.; vgl. auch Pohl u.a., Industrie (wie Anm. 28), S.79 f.; vgl. weiter Geis, Walter; Das Denkmal Kaiser Wilhelms I. in Mülheim am Rhein, in: Rechtsrheinisches Köln, 23, Köln 1997, S.88.

[400] Eine Untersuchung über die Zustände in Düsseldorfer Bleifabriken Anfang der 70er Jahre stellte für die Hälfte der Arbeiter nur eine Verweildauer von ½ Jahr fest, Amendt, Lage (wie Anm. 105), S.301.

[401] Kocka, Arbeitsverhältnisse (wie Anm. 17), S.474; vgl. Ritter/Tenfelde, Arbeiter (wie Anm. 7), S.333.

[402] Pohl u.a., Industrie (wie Anm. 28), S.133.

[403] Amendt, Lage (wie Anm. 105), S.442 f.

bis 1866 (mit zusammen 20 Arbeitern) und die Fabriken feuerfester Produkte ebenfalls mit vier Neugründungen bis 1873 mit zusammen rund 90 Arbeitern.[404]
Insgesamt arbeiteten 1872 ca. 2.000 Mülheimer Arbeiterinnen und Arbeiter in Industriebetrieben, davon rund 900 in der Textil-, 600 in der Metall- und 130 in der Chemiebranche.[405]
Um die Jahrhundertmitte lag der Jahresbedarf für eine Familie im Regierungsbezirk Köln bei 210 Taler im Jahr.[406]Dies war ein Durchschnittswert, der in den Städten höher und auf dem Lande niedriger lag. Der durchschnittliche Verdienst im Landkreis Mülheim lag zu der Zeit bei 9 Sgr. täglich, das entsprach bei voller Jahresbeschäftigung von 300 Tagen einem Verdienst von 90 Talern.[407]In den 60er Jahren lag das Existenzminimum in Mülheim bei 120 Talern,[408] das Budget bei 150-200 T.[409]Da nun der durchschnittliche Verdienst eines Mülheimer Arbeiters bei 10 Sgr. lag, reichte dies immer noch nicht aus, eine Familie durchzubringen.[410] Auch jetzt mußten noch die Ehefrau und die Kinder mitarbeiten. Nur die Arbeiter der Maschinenfabrik von der Zypen und Charlier erreichten mit 15 bis 20 Sgr. täglich bei voller Beschäftigung 150-200 Taler jährlich.[411]In den Krisenzeiten wurden die Menschen oft auf halben Lohn gesetzt oder entlassen, dann fielen sie der gemeindlichen Armenkasse anheim.[412] So berichtet der Mülheimer LADAV-Bevollmächtigte Peter Bilstein, Seidenweber im Juni 1867: „Sie müssen das bedenken die Fabriken gehen hier sehr schlecht und sehr wenig Geld ist unter den Arbeitern.“[413] Im Februar 1868 schreibt der Mülheimer Leineweber Wilhelm Musmacher in einem Bericht an die „Freie Zeitung“ daß „...die Befriedigung der äußersten Nothdurft einer durchschnittlich aus fünf Personen bestehenden Arbeiter-Familie allerwenigstens täglich 21 Sgr. erfordert, dagegen der

---

404Siehe Aufstellung im Anhang.
405Siehe Fußnoten 328 und 329.
406Kellenbenz, Wirtschaftsentwicklung (wie Anm. 117), S.66 f.
407Gernert, Lokal- und Regionalgeschichte (wie Anm. 23), S.79.
408HAStK, Best. 870/ Nr.263 o.P..
409Weinandy, Wahlen (wie Anm. 197), S.17; vgl. Amendt, Lage (wie Anm. 105), S.529 f.
410HAStK, Best. 870, Nr. 263 o.P.
411Ebd.
412Trapp; Untersuchungen (wie Anm. 44), S.106.
413SAPMO, 88, Bl.24.

Lohn eines Arbeiters nur 12 bis 15 Sgr. beträgt und noch viele, viele Arbeiter umsonst um Arbeit für solchen elenden Lohn betteln müssen".[414] Erst im Zuge des Aufschwungs von 1868 und in den Folgejahren stiegen die Löhne deutlich. So verdienten die Fabrikarbeiter in der Seidenindustrie 1868 schon 17-20 Sgr. und 22-25 Sgr. (1871).[415] Daß dies kein Spitzenverdienst war, zeigt der Tagesverdienst eines Tagelöhners 1872 mit 24-27 Sgr. Die Handwerker in Fabriken verdienten in der Hochkonjunkturphase 1872 30-50 Sgr., Spitzenverdiener waren die Former im Akkord mit 2 ½ Taler täglich.[416]Jetzt erst hatten die Fabrikarbeiter deutliche Reallohnzuwächse zu verzeichnen, in der Eisenindustrie von 1869 bis 1873 um 30 bis 60 Prozent.[417] Die Krise folgte auf dem Fuße.[418]

Die Kinderarbeit war zwar aufgrund der Gesetze von 1853 und 1869 in den Fabriken zurückgegangen, aber in der Heimindustrie bestand sie weiterhin. Sie fiel nicht unter die gesetzliche Regelungen, wurde aber bei den Fabriken mitgezählt. Nach den wenigen vorliegenden Zahlen für Mülheim ergibt sich für das Jahr 1857 ein Anteil von unter 14-Jährigen von 14,5 Prozent an der gesamten Fabrikarbeiterschaft.[419] Dabei lag der Anteil bei der Seidenindustrie mit 11,5 Prozent darunter, aber bei den Zigarrenfabriken mit 22,6 Prozent deutlich darüber.[420]In den chemischen Fabriken des Rheinlandes lag der Kinderanteil 1850/60 bei rund 4 Prozent. Zum einen ist dies auf die gesetzlichen Regelungen zurückzuführen, zum anderen auch prozeßbedingt.[421]Für Mülheim liegen erst wieder 1875 Vergleichszahlen vor. Danach lag der durchschnittliche Anteil der unter 16 Jahre alten Beschäftigten bei 5,2 Prozent. Den höchsten Anteil hatte die Etui- und Portemonnaiefabrik Lüttringhaus mit 21,4 Prozent.[422]

Dieser Betrieb hatte auch einen hohen Frauenanteil mit 39 Prozent zu

---

[414]Freie Zeitung (FZ) des Lassalle'schen Allgemeinen Arbeiter-Vereins v.22.2.1868.
[415]V.d. Upwich, Geschichte (wie Anm. 69), S.171.
[416]Jahresbericht der Handelskammer für den Kreis Mülheim am Rhein für das Jahr 1872, S.48 f.
[417]Wehler, Gesellschaftsgeschichte 1849 (wie Anm. 19), S.559.
[418]Siehe das Kapitel über die soziale Entwicklung 1873-1878.
[419]HSAD LAMü. Nr.93, S.76 ff.
[420]Ebd.
[421]So Pohl u.a., Industrie (wie Anm. 28), S.128.
[422]HASD Reg. K., Nr. 2158, S.44-49.

verzeichnen.[423] Am höchsten lag er jedoch 1875 bei den Textilfabriken mit 67,3 Prozent, wobei Andreae den Spitzenwert mit 75 % erbrachte. Hier zeigt sich, daß in dieser Sparte männliche Arbeitskräfte durch billigere weibliche ersetzt wurden Die Männer wanderten in die aufstrebende Metallindustrie, wo die Verdienste deutlich höher lagen.[424]
Während die täglichen Arbeitszeiten bis 1860 noch anstiegen, nahmen sie danach immer mehr ab:

Jahre	**tägliche Arbeitszeit**
1850-1860	14 - 16 Std.
1852-1859	14 Std.
1860-1867	13 Std.
ab 1868	12 Std.[425]

Auch in der chemischen Industrie im Rheinland lag 1870 die tägliche Arbeitszeit bei rund 12 Stunden.[426] Nach oben gab es für die männlichen und weiblichen Beschäftigten keine Begrenzung der täglichen oder wöchentlichen Arbeitszeit. Sonntags- und Feiertagsarbeit war nur in dringenden Fällen erlaubt. Der Unternehmer entschied aber allein über die Dringlichkeit.[427]
In der Zeit von 1849 bis 1872 erhöhte sich die Zahl der Fabrikarbeiter in Mülheim von rund 690 auf ca. 2.000. Ihr Anteil an der gesamten Bevölkerung stieg von 10,8 auf 13,7 Prozent. Innerhalb der Industriearbeiterschaft hatte eine Verschiebung in Richtung Metallarbeiter stattgefunden, die Textilarbeiter bildeten jedoch immer noch die stärkste Gruppe, wobei ein Teil schon als Fabrikarbeiter an den Maschinenwebstühlen arbeitete und somit zunehmend proletarisiert wurden.

---

[423]Ebd.
[424]Beaucamp, Textilwirtschaft (wie Anm. 342), S.22; vgl. Ulrich, Industrie (wie Anm. 74), S.182; vgl. auch Puppke, Sozialpolitik (wie Anm. 119), S.39 f.
[425]Aufstellung nach Schröder, Arbeitergeschichte (wie Anm. 9), S.193; eine ähnliche Tabelle findet sich bei Emsbach, Betriebsverfassung (wie Anm. 90) für das Textilgewerbe, S.462; die Angaben aus dem Jahresbericht der Handelskammer von Mülheim von 1872, S.36, daß die tägliche Arbeitszeit 10 Std. beträgt, erscheint ungewöhnlich, da gerade die Gewerkschaften den Kampf für den 10-Stundentag auf ihre Fahnen geschrieben hatten, s. Kocka, Arbeiterexistenzen (wie Anm. 17), S.486.
[426]Amendt, Lage (wie Anm. 105), S.281.
[427]Ebd., S.269 f.; vgl. Puppke, Sozialpolitik (wie Anm. 119), S.40 f.

Urbanisierung und Arbeiterbewegung

1. Mobilität und Städtewachstum

Die Bevölkerung in Deutschland wuchs in der Zeit von 1850 bis 1875 um ca. 28 Prozent von 35 auf 43 Millionen an.[428]Neben den Großstädten stieg in diesem Zeitraum die Einwohnerzahl in der Rheinprovinz mit 34 Prozent am stärksten von 2,85 auf 3,80 Millionen.[429]Mülheim wuchs in der Zeit um 194 Prozent.[430]Ähnliche oder noch höhere Zuwachsraten hatten die anderen Umlandorte Kölns, Ehrenfeld, Kalk und Deutz. Im Regierungsbezirk Köln gab es 1873 außerhalb der Stadt Köln 33 Industriebetriebe mit jeweils mehr als 50 Arbeitern - davon acht in Mülheim - mit insgesamt 6.900 Arbeitern. Innerhalb Kölns gab es nur 20 solcher Fabriken, die insgesamt deutlich weniger Beschäftigte hatten.[431]Dies war die Folge der industriellen Revolution, die neue Fabriken hervorbrachte. Die Arbeitskräfte zogen in diese aufsteigenden Industriestandorte. Firmen ließen sich eher an der Peripherie großer Städte nieder, dort waren die Bodenpreise niedriger, genügend Erweiterungsflächen vorhanden und ein ländliches Arbeitskräftereservoir verfügbar.[432]Mülheim wuchs nun zu einer Mittelstadt von knapp 20.000 Einwohnern heran. Betrachtet man den Zeitraum von 1849 bis 1875 etwas genauer, so ist festzustellen, daß in den Jahren von 1867 bis 1875 mit 72,3 Prozent die stärksten Zuwächse zu verzeichnen sind :

Bevölkerungszuwachs in Mülheim von 1849 bis 1875[433]

1849 - 1858	19,4 %
1858 - 1867	43,0 %
1867 - 1875	72,3 %

---

[428]Kocka, Arbeitsverhältnisse (wie Anm. 17), S.41 und Wehler, Gesellschaftsgeschichte 1849 (wie Anm.19), S.9.

[429]Ebd.

[430]Da von 1850 keine Zahlen vorliegen, wurde der Vergleich von 1849-1875 gezogen, so stieg die Einwohnerzahl von 5.901 auf 17.350, s. HAStK, Best.870, Nr. 262 und Nr.363.

[431]Ayçoberry, Köln (wie Anm. 176), S.278.

[432]Ebd. S.280.

[433]Berechnet nach den Zahlen des HAStK, Best. 870, Nr. 262 und 363.

Im letzten Betrachtungszeitraum siedelten sich auch anteilsmäßig die meisten Unternehmen an, 15 von insgesamt 33.[434] In ganz Deutschland setzte ein beispielloser Urbanisierungsprozeß ein, große Teile der Landbevölkerung zogen in die aufstrebenden Industriestädte. Während auf dem Gebiet des Deutschen Reichs (von 1871) im Jahre 1800 nur sieben Prozent in Städten mit mehr als 10.000 Menschen wohnten, waren es 1875 schon 18 Prozent.[435] In Rheinland und Westfalen waren es 1871 schon 34,2 Prozent, in der Rheinprovinz 42,5 Prozent, die in Städten wohnten.[436] Diese beschleunigte Urbanisierung, die im Rheinland besonders rapide vor sich ging, war ein Charakteristikum der industriellen Revolution und ein Schritt zur modernen Industriegesellschaft.[437]

Galt bis zur Mitte des Jahrhunderts noch, daß durch die Übersetzung des Handwerks und die ländliche Überbevölkerung in der Frühindustrialisierungsphase die Menschen in Elend und unbeschreiblicher Armut lebten - Stichwort Pauperismus -, so nahm nun in den darauffolgenden Jahrzehnten die rasch sich ausweitende Industrie dieses Überangebot an Arbeitskräften auf.[438] Dabei übernahmen die qualifizierten Handwerker (Schlosser, Dreher, Zimmerleute) die höher bezahlten mit Führungsfunktionen versehenen Arbeiten, die aus den ländlichen Gebieten kommenden aber zumeist die ungelernten und angelernten Arbeiten.[439]

Während früher die ländlichen Unterschichten täglich zur Arbeit in die nahe gelegene Stadt gingen und ansonsten auf dem Land wohnen blieben und dort ein Stück Land bestellten, zog nun - auch in Folge der immer länger werdenden Arbeitszeiten - ein Teil der Landbevölkerung in die Stadt.[440] Bis 1875 bestimmte die Nahwanderung diese Be-

---

[434] Siehe Anhang.

[435] Kocka, Arbeiterexistenzen (wie Anm. 17), S.507.

[436] Ebd., S.55 und 57, wobei zu beachten ist, daß die Zahl für Rheinland Westfalen von dem Begriff der preuß. Städte ausgeht, die z.T. recht klein waren, die Zahl für Rheinpreußen summiert alle Einwohner in Orten von über 5.000 Einwohnern.

[437] Langewiesche, Dieter, Schönhoven, Klaus (Hg.); Arbeiter in Deutschland. Studien zur Lebensweise der Arbeiterschaft im Zeitalter der Industrialisierung, Paderborn 1981, S.16; vgl. Wehler, Gesellschaftsgeschichte 1849 (wie Anm. 19), S.503.

[438] Köllmann, Wolfgang; Soziale Frage und soziale Bewegungen, in: Först, Walter (Hg.), Das Rheinland in preussischer Zeit, Köln u.a. 1965, S.152.

[439] Mottek, Wirtschaftsgeschichte, Bd.2 (wie Anm. 30), S.230.

[440] Zieger, Wohlfahrtspflege (wie Anm. 50), S. 67.

wegung.[441]In den rheinisch-westfälischen Industriegebieten stammten 80 Prozent der Arbeiter aus dem Gebiet selbst.[442]Zeitweise herrschte sogar ein Mangel an qualifizierten Arbeitskräften - insbesondere in der Schwerindustrie, - wie dies einzelne Handwerkskammern berichten. Die Arbeitslosen aus der Landwirtschaft waren nicht ohne weiteres für diese Tätigkeit qualifiziert.[443]

Diese starke Bevölkerungszunahme veränderte die Wohnverhältnisse in den Industriestädten nachteilig. So gab es überbelegte Wohnungen, Mietwucher, mangelnde hygienische Verhältnisse, wenig Raum für Intimität.[444]In Mülheim erhöhte sich die Einwohnerzahl pro Wohnhaus von sieben zu Anfang des Jahrhunderts auf 12,2 im Jahr 1875, was natürlich auch mit einer höheren Geschoßzahl zusammenhing.[445]

Bis auf die Heimweberei im Seidengewerbe und die Tabaksspinner hatte sich auch in Mülheim die Trennung von Haushalt und Arbeitsplatz weitgehend durchgesetzt.

Auch wenn die Industrie nun zeitweise genügend Arbeitsplätze bot und somit das Massenelend des früheren 19. Jahrhunderts überwunden war, konnte eine Arbeiterfamilie nur existieren, wenn der Familienvater ganzjährig beschäftigt, gesund, und die permanente Mitarbeit der gesamten Familie möglich war.[446]Bei Krisen brach die Versorgung zusammen. Die konjunkturellen Einflüsse machten sich in der Seidenweberei stark bemerkbar.[447]So hatte erste Weltwirtschaftskrise von 1857 bis 1859 Auswirkungen bis Mitte der 60er Jahre. Erschwerend kamen noch für die Seidenindustrie zwei weitere Krisenursachen hin-

---

[441]Mottek, Wirtschaftsgeschichte, Bd.2 (wie Anm. 30), S.228; vgl. Schröder, Arbeitergeschichte (wie Anm. 9), S.34; vgl. auch Kocka, Arbeiterexistenzen (wie Anm. 17), S.103.

[442]Becker, Entwicklung (wie Anm. 277), S.229; vgl. Köllman, Wolfgang; Frage (wie Anm. 438), S.157.

[443]Becker, Entwicklung (wie Anm. 277), S.222; vgl. für das Rheinland: Köllmann, Wolfgang; Frage (wie Anm. 438), S.157.

[444]Langewiesche/Schönhoven (wie Anm. 437), S.19; vgl. Zieger, Wohlfahrtspflege (wie Anm. 50), S.67.

[445]Eigene Berechnungen nach den Zahlen von Reiberg, 1 (wie Anm. 66), S.106 und 108 und Reiberg, 2 (wie Anm. 329), S.80 und 87.

[446]Wehler, Gesellschaftsgeschichte 1849 (wie Anm. 19), S.146.

[447]Leider liegen für die Zeit der industriellen Revolution in Mülheim wenig konkrete Zahlen über einen längeren Zeitraum vor, so daß nur auf die Zeitungsberichte des Landrates und Notizen in zeitgenössischen Publikationen zurückgegriffen werden können, dadurch sind keine quantitativen Aussagen möglich.

zu. So trat 1859 die Seidenraupenkrankheit auf, die die Rohseide extrem verteuerte.[448] Dies behinderte zusätzlich einen möglichen Aufschwung. Die Seidenindustrie war extrem exportabhängig. Die Mülheimer Seidenindustrie führte ihre Produkte hauptsächlich in die Vereinigten Staaten aus. Als dort 1857 der Bankenkrach ausbrach und ab 1861 zusätzlich der Sezessionskrieg, kam der Export nach Übersee vollständig zum Erliegen. „Vom Geschäftsgang der Fabriken ist die Lage der Arbeiter in den letzten drei Jahren (1860-1863, F.B.) ziemlich günstig gewesen, eine Ausnahme bilden die Seidenweber, welche des amerikanischen Krieges wegen kaum halbe Beschäftigung fanden. Häufig tragen Frauen und Kinder zum Unterhalt der Familie bei."[449] Erst ab 1867/68 ging es mit der Seidenweberei wieder aufwärts. Jetzt machte sich die lange Rezession negativ bemerkbar, da viele Seidenweber in andere Gewerbe abgewandert waren und nicht mehr zurückkehrten.[450] So wurden noch mehr Betriebsstätten in die ländlichen Bereiche ausgelagert. Die Seidenweberei erlebte bis 1872 ihren größten Aufschwung in der Geschichte.[451] Die Samtpreise erzielten schwindelnde Höhen. Aber mahnende Stimmen gab es schon, die sich über die immer schlechter werdende Qualität der Produkte ausließen und vor einer Rezession warnten.[452]

Auch in der Metallindustrie gab es Anzeichen der Rezession. So verringerte sich die Arbeiterzahl bei der Waggonfabrik van der Zypen und Charlier von 500 (1852) auf 310 im Jahre 1858.[453] Erst in den 60er Jahren war wieder eine Belegschaftsstärke von 600 Arbeitern er-

---

[448] V.d. Upwich, Geschichte (wie Anm. 69), S.108.

[449] Zitat über die Situation in Mülheim aus: Jahrbuch für die amtliche Statistik des preußischen Staats, Berlin 1867, S.326; vgl. MSKB v. 29.11.1857; vgl. auch v.d. Upwich, Geschichte (wie Anm. 69), S.107 f.; vgl. weiter Thun, Industrie (wie Anm. 68), S.118; vgl. weiter die Zeitungsberichte der Regierung Köln für die Monate Aug./Sept. 1859, Dez./Jan. 1859/60, Aug./Sept. 1861, Febr./März 1863, alle in HSAD, Reg. Köln Nr.6960.

[450] In einem redaktionellen Beitrag im MVB v. 7.4.1867 führte der Redakteur dies auf die geringe Vergütung in der 3-jährigen Lehrzeit, die Länge der Gesellenzeit von 6 Jahren bis zur Meisterschaft, die zu geringe Bezahlung der weiblichen Weberinnen und die Unmöglichkeit für Frauen, selbst Meisterin zu werden, zurück.

[451] Siehe Thun, Industrie (wie Anm. 68), S.121 und v.d. Upwich, Geschichte (wie Anm. 69), S.109 f.

[452] V.d. Upwich, Geschichte (wie Anm. 69), S.109 f.

[453] Wefelmeier, Entwicklung (wie Anm. 108), S.18.

reicht.[454] 1868 entließ die Mülheimer Hütte wegen Auftragsmangels alle 77 Arbeiter von einem Tag auf den anderen.[455] Ein Indiz für die Verschlechterung der sozialen Lage in Mülheim zeigt sich im Ansteigen der Holzdiebstähle und des Feldfrevels ab 1855.[456]
Die Möglichkeit, sich in Arbeitervereinen oder Gewerkschaften zwecks Überlegung einer gemeinsamen Strategie zusammenzufinden, war den Arbeitern seit 1850 verwehrt. Nach den restriktiven Vereinsgesetzen von 1849 und 1850[457] gab es weitere Verschärfungen von 1851 bis 1854.[458] Auch die von den ehemaligen Arbeitervereinen und Assoziationen versuchte Überlebensstrategie, mit Hilfe von Unterstützungskassen wenigstens ein örtliches Organisationsgefüge zu erhalten, wurde durch die Verordnungen und Gesetze zur Kassenfrage nach und nach zerschlagen.[459] Erst in der Gewerbeordnung des Norddeutschen Bundes von 1869 wurde das Koalitionsverbot aufgehoben, einer seit langem von der sozialistischen und liberalen Bewegung aufgestellten Forderung wurde damit nachgekommen. Gewerkschaftsgründungen wurden nun erlaubt, Streiks nicht mehr strafrechtlich verfolgt. Der Koalitionszwang war jedoch weiterhin unter Strafe gestellt.[460]

2. Neubeginn der Arbeiterbewegung

Die preußische Vereinsgesetzgebung, aber auch die Einschränkung der Presse- und Versammlungsfreiheit zerschlugen die ersten Organisationsansätze der Arbeiterschaft. Es gab zwar weiterhin einzelne Kontaktpersonen- so auch in Mülheim – sie wurden jedoch durch die Behörden überwacht. Zu diesen „Demagogen" zählten der Schreiner Peter Joseph Hagen, der Wirt Frömmgen und der ehemalige Abgeord-

---

[454] Van Eyll, Wirtschaftsgeschichte (wie Anm. 50), S.191.
[455] Seeling, Eisenhütten (wie Anm. 366), S.112.
[456] Ab 1855 waren ¾ aller Verurteilungen auf diesen Tatbestand zurückzuführen, beispielhaft seien hier angeführt MSKB v. 8.7.1855 und 29.11.1857.
[457] Siehe das Kapitel über die soziale Entwicklung bis 1850.
[458] Siehe das Kapitel über die Entwicklung 1850-1873.
[459] Buschak, Willy; Von Menschen, die wie Menschen leben wollten, Köln 1985, S.34; vgl. Kleeis, Friedrich; Die Geschichte der sozialen Versicherung in Deutschland, Berlin 1928, Reprint Berlin 1981, S.68; vgl. auch Schindlmayr-Reyle, Arbeiterbewegung (wie Anm. 130), S.201.
[460] Mottek, Wirtschaftsgeschichte, Bd.2 (wie Anm. 30), vgl. Rosenberg, Depression (wie Anm. 19), S.195; vgl. auch Emsbach, Betriebsverfassung (wie Anm. 90), S.560 f.; vgl. weiter Amendt, Lage (wie Anm. 105), S.514.

nete Anton Gladbach.[461] Eine Möglichkeit, offiziell weiterhin untereinander Kontakte zu pflegen, gab es mit Hilfe der noch bestehenden Unterstützungskassen. Die preußischen Behörden merkten dies jedoch sehr bald und schränkten diese Einrichtungen immer mehr ein. Basierend auf der Gewerbeordnung von 1849 wurden örtliche Zwangskassen angeordnet.[462] Eine Diskussion über diese Zwangskassen gab es 1853 im Mülheimer Gemeinderat, da sich die Unternehmer dagegen wehrten. Sie wollten die auf sie zukommenden Beiträge nicht zahlen, außerdem hatte die Seidenfabrik Andreae und Steinkauler schon seit dem 18. Jahrhundert eine eigene Fabrikkasse.[463] Nachdem nun ab Mai 1853 die bestehenden Kassen ihre Statuten genehmigen lassen mußten,[464] wurde auch in Mülheim per Gemeinderatsbeschluß eine Zwangskasse eingerichtet.[465] Dies war das Ende der von Arbeitern in diesem Sektor eingerichteten Hilfskassen, da sie nicht an zwei Einrichtungen Beiträge leisten konnten. 1857 wurden dann auch die Reiseunterstützungskassen durch das Verbot der Unterstützungsleistung zerstört.[466]So blieben nur noch private Kontakte.

Ende der 50er, Anfang der 60er Jahre entstanden – oft auf Initiative des liberalen Bürgertums und dessen organisatorischer Ausprägung, dem Nationalverein, die ersten Arbeiterbildungs-, Gesellen oder Handwerkervereine.[467] Sie waren zunächst vom Bildungsbürgertum

---

[461] So fand bei Hagen 1852 eine Hausdurchsuchung statt, die Polizei fand „Demagogenliteratur", so Schindlmayr-Reyle, Arbeiterbewegung (wie Anm. 130), S.104; so ließ der Hauptangeklagte im Kölner Kommunistenprozeß, P.G. Röser im Mai 1851 aus dem Gefängnis heraus durch seinen Bruder den Mülheimer Kontaktleuten mitteilen, nichts mehr an ihn zu schicken, da seine Post überwacht werde, so Dowe, Aktion (wie Anm. 174), S.280; vgl. auch Irsfeld, Franz; Anfänge und Entwicklung der Arbeiterbewegung in Köln (1800-1875), in: Brunn, Gerhard (Hg.), Sozialdemokratie in Köln, Köln 1986,S.37.

[462] Tennstedt, Florian; Vom Proleten zum Industriearbeiter. Arbeiterbewegung und Sozialpolitik in Deutschland 1800-1914, Köln 1983, S.94.

[463] Ursache war ein Erlaß der preußischen Regierung vom 16.3.1852, wonach in Gemeinden nun zwingend Unterstützungskassen für Handwerksgesellen und Fabrikarbeiter einzurichten seien, HAStK, Best. 870, Nr.122 o.P.

[464] Den Kassen der Arbeiter wurden zumeist die Genehmigungen versagt, so Buschak, Menschen (wie Anm. 459), S.34.

[465] HAStK, Best. 870, Nr. 122 o.P., Gemeinderatsprotokoll v. 10.2.1853.

[466] Zirkularerlaß des preußischen Ministers für Handel, Gewerbe und öffentliche Arbeiten vom 28.2.1857, nach Schindlmayr-Reyle, Arbeiterbewegung (wie Anm. 130), S.27 f.

[467] Grebing, Helga; Geschichte der deutschen Arbeiterbewegung, 9. Aufl., München

beherrscht; ihr Ziel war es den Arbeiter zur individuellen Selbsthilfe über Fort- und Weiterbildung zu befähigen. Aber bald wurden auch allgemeinpolitische Ziele diskutiert. Bis 1860 entstanden in Deutschland schon rund 50 Arbeiterbildungsvereine.[468] Oft waren die Initiatoren ehemalige Radikaldemokraten, die nun ins liberal gesinnte Lager gewechselt waren. So auch in Mülheim, wo der Lehrer Nikolaus Proff genau wie die beiden Mitunterstützer Ignaz Krahe und der Kaufmann Ludwig Lucas, ehemals Mitglied im Vorstand des Mülheimer AV, die Initiative zur Gründung eines Arbeiter-Bildungsvereins (ABV) übernahmen. Nach mehreren Versuchen im Mai und Juni 1863 kam es am 2. Oktober zur Gründung des Mülheimer ABV.[469] Inzwischen war die Zahl der Handwerker- und ABVe auf über 100 in Deutschland gewachsen.[470] Eine Minderheit entwickelte gesellschaftspolitische Forderungen mit politischen Zielen, so in Hamburg, Düsseldorf, Solingen und Köln.[471] Aus dieser Minderheit war die Idee geboren, sich in einer länderübergreifenden Organisation in Deutschland zusammenzuschließen. Unter Führung des Leipziger ABV wurde Ferdinand Lassalle Ende 1862 gebeten, eine inhaltliche Plattform seiner Vorstellungen über eine solche Organisation zu entwerfen, die gleichzeitig auch als Aufruf zur Konstituierung dieser Dachorganisation dienen sollte.[472] Ab 18. März 1863 wurde dieses Manifest als offenes Antwortschreiben in über 2.000 Exemplaren in ganz Deutschland an die ABVe verschickt.[473] Auch auf dem von der Fortschrittspartei einberufenen Kölner Provinzial- und Handwerkertag am 12. April 1863 lag diese Plattform vor und wurde zum Teil nach heftiger Diskussion mehrheitlich beschlossen.[474] Dieses „Offene Antwortschreiben“ setzte sich aus-

---

1979, S.61 f; vgl. Offermann, Toni; Arbeiterbewegung und liberales Bürgertum in Deutschland 1850-1863, Bonn 1979, S.280; vgl. Ritter/Tenfelde, Arbeiter (wie Anm. 7), S.819 f.

[468] Schindlmayr-Reyle, Arbeiterbewegung (wie Anm. 130), S.145.

[469] MVB v. 29.9.1864, schon mindestens seit 1859 hat es in Mülheim einen Handwerkerverein gegeben (MSKB v. 12.1.1859), ob daraus sich der ABV entwickelte, ist nicht nachweisbar.

[470] Schindlmayr-Reyle, Arbeiterbewegung (wie Anm. 130), S.145.

[471] Na’aman, Shlomo; Lassalle, Hannover 1970, S.595.

[472] Grebing, Geschichte (wie Anm. 467), S.62.

[473] Ausführlich zu diesem Sachverhalt, Offermann, Arbeiterbewegung (wie Anm. 467), S.449-469.

[474] Dowe, Anfänge (wie Anm. 256), S.68; vgl. Offermann, Arbeiterbewegung (wie Anm. 467), S.468.

führlich mit der Fortschrittspartei auseinander und kritisierte sie stark. Die Arbeiter sollten eine eigene, von anderen Parteien unabhängige, stark zentralistisch aufgebaute Partei gründen. In die Diskussion schaltete sich auch der Mülheimer Zigarrenarbeiter Peter Gerhard Röser ein, ehemals Präsident des Kölner Arbeitervereins und des Bundes der Kommunisten. Er war Hauptangeklagter im Kölner Kommunistenprozeß 1851/52 gewesen und nach sechsjähriger Festungshaft 1863 wieder an seinen Geburtsort Mülheim gezogen.[475] Röser kritisierte in einem Brief an Lassalle, der ihn und seine kranke Frau in der Haft finanziell unterstützt hatte, die diktatorischen Vollmachten, die dem Präsidenten der zu gründenden Arbeiterpartei eingeräumt wurden. Lassalle antwortete, daß er auf den Vollmachten bestehe, da ansonsten die Bewegung „nicht vorwärts zu bringen sei".[476] Am 23. Mai 1863 diskutierten in Leipzig die dort vertretenen elf ABVe – darunter Köln und vier weitere rheinische – Lassalles „Offenes Antwortschreiben" und verabschiedeten die Statuten eines Allgemeinen Deutschen Arbeitervereins (ADAV). Zum Präsidenten wurde Ferdinand Lassalle gewählt.[477] Als Gegenorganisation mit liberaler Ausrichtung wurde in Frankfurt der Vereinstag Deutscher Arbeitervereine (VDAV) gegründet.[478] Kölns ADAV-Bevollmächtigter, Moses Heß, und der Kölner Vergolder Joseph Muschardt hielten im Herbst die ersten Vorträge im Mülheimer ABV. Heß referierte am 8. und 15. November 1863 über „sociale Reformen" und die Rechte der Arbeit, wobei er sich auf Lassalle berief.[479] Als Unterbevollmächtigten des ADAV für Mülheim ernannte er den Arbeiter Gau.[480] In vielen rheinischen Städten wurden ADAV-Gemeinden gegründet; im Frühjahr 1864 waren von 4.335 Mitgliedern in ganz Deutschland allein 2.663 aus der Rheinprovinz.[481] In Mülheim trennten sich die Wege des liberalen ABV und der Lassalleschen Gemeinde. Dies zeigt sich auch in der Themenwahl des

---

[475] Ausführlich zu Röser, Bilz, Fritz; Arbeit, Kampf und Tabaksqualm. Der Kölner Zigarrenarbeiter Peter Gerhard Röser 1814-1865, Reinbek 1995.
[476] Dokumente des Sozialismus, Band 4, 10.Heft v.1.10.1904, Berlin 1904, S.474 f.
[477] Offermann, Arbeiterbewegung (wie Anm. 467), S.481 f.
[478] Wehler, Gesellschaftsgeschichte 1849 (wie Anm. 19), S.157.
[479] MVB v. 8.11.1863; vgl. Riasanoff, N.; Briefe Lassalles an Dr. Moses Heß, in: Archiv für die Geschichte des Sozialismus und der Arbeiterbewegung 3, 1913, S.137; vgl. auch Offermann, Arbeiterbewegung (wie Anm. 467), S.363.
[480] Riasanoff, s.o., S.137.
[481] Köllmann, Frage (wie Anm. 438), S.159.

ABV, der unter der Leitung des Lehrers und Fortschrittlers Proff fast ausschließlich naturwissenschaftliche und schöngeistige Themen behandelte, während ein Teil der Arbeiter zur Gründung der Mülheimer ADAV-Gemeinde schritt.[482] Lassalle ernannte am 16. Mai 1864 den Schmied Wilhelm Scheider zum ADAV-Bevollmächtigten von Mülheim.[483] Ob dies im Zusammenhang mit Lassalles Besuch der Kölner Gemeinde am 15. Mai geschehen ist, ist nicht nachgewiesen, aber nicht unwahrscheinlich.[484] Hatte der Verein anfangs nur 25 Mitglieder (5.7.1864), waren es einen Monat später schon 39.[485] Ende des Jahres sollen es schon 202 gewesen sein, von denen 140 aktiv waren.[486]
Seit Beginn der 60er Jahre beschäftigten die Liberalen sich mit der Koalitionsfrage.[487] Auch für den ADAV war dies ein Thema. So sprachen sich in Mülheim beide - ABV und ADAV - für die Aufhebung der entsprechenden Paragraphen 182-184 der Gewerbeordnung von 1845 bzw. 1849 aus. [488]Beiden lag eine Resolution des Berliner AV mit Zielrichtung an das preußische Staatsministerium zu Grunde, die an die verschiedenen Vereine in Deutschland verschickt wurde. Außerdem wurden in Mülheim Unterschriften für diese Petition gesammelt.[489] In die nun monatlich stattfindenden ADAV-Versammlungen wurden des öfteren auswärtige Redner geladen, die als Agitatoren in

---

[482] Der liberal ausgerichtete ABV wird ab jetzt nicht weiter behandelt, er traf sich weiterhin 14-tägig (so die entsprechenden Ankündigungen im MVB 1863-1868, MKB 1868-1869 und 1872, MA 1873-1878). In der Zeit von 1870-71 hat er sich umbenannt in „Bildungsverein“, das genaue Datum ist nicht zu ermitteln, da für diese Jahre keine Mülheimer Zeitung in den Archiven von Köln, Düsseldorf, Dortmund und Berlin vorhanden sind.
[483] Becker, Bernhard; Geschichte der Arbeiter-Agitation Ferdinand Lassalle's, 2. Aufl., Berlin, Bonn 1978, Reprint der 1874 erschienenen 1.Auflage, S.291; vgl. MVB v. 15.5.1864; vgl. auch Nordstern v. 13.8.1864.
[484] Heid, Ludger; Von der Zunft zur Arbeiterpartei. Die Social-Demokratie in Duisburg 1848-1878, Duisburg 1983, S.129.
[485] Becker, B.; Geschichte (wie Anm. 483), S.292.
[486] Parent, Thomas, Im Kampf gegen eine „dreifache Koalition“. Die Anfänge des Allgemeinen Deutschen Arbeitervereins in Köln 1863 – 1865, in GiK, 4, 1979, S.113; die Zahl erscheint etwas zu hoch, da in den Jahren davor und danach nie mehr als 39 Mitglieder gezählt wurden.
[487]Wehler, Gesellschaftsgeschichte 1849 (wie Anm. 19), S.160.
[488]So die ADAV-Gemeinde in einer Versammlung am 5.7.1864 (MVB v. 7.7.1864) und der ABV in einer Versammlung am 10.7.1864 (MVB v.10.7.1864).
[489]Ebd.

die verschiedenen Gemeinden reisten.[490]In Mülheim war dies besonders wichtig, weil der Bevollmächtigte Scheider kein guter Redner war.[491]Die Gemeinde nahm auch an den Kongressen auf überörtlicher Ebene teil. So wählten sie Peter Gerhard Röser zu ihrem Delegierten für den Lassalleanischen Rheinisch-Westfälischen Arbeitertag in Barmen am 12. März 1865.[492] Zu allen Tagesordnungspunkten nahm Röser Stellung, insbesondere zum Thema „Selbständigkeit des ADAV". Dabei ging es um die Zusammenarbeit mit den Liberalen - Röser war dagegen - und um die Auseinandersetzungen unter den führenden Mitarbeitern des „Sozialdemokrat".[493]In beiden Punkten stützte Röser die Position des ADAV-Vorstandes und der Redaktionsmehrheit.[494]Auch auf der 2. Stiftungsfeier und dem anschließenden Kongreß des ADAV vom 21. bis 23. Mai 1865 in Frankfurt, wo neben Mülheim 31 weitere Gemeinden vertreten waren, nahm Röser das Mülheimer Mandat wahr.[495]Da er das Fahrgeld selbst nicht aufbringen konnte - er hatte wegen seiner politischen Tätigkeiten am 11. Februar seine Arbeit als Fabrikmeister verloren,[496]- wurde in der Versammlung vom 17. Mai für ihn gesammelt.[497] Auch in Frankfurt nahm Röser wie schon vorher dezidiert Stellung in der Auseinandersetzung um den „Sozialdemokrat" .[498]Röser starb am 2. Juli 1865, er hinterließ eine Frau und zwei kleine Kinder.[499]

Lassalle und der ADAV standen den Gewerkschaften kritisch gegen-

---

[490]So am 5.7.1864 (MVB v.7.7.1864), 5.8.1864 (Becker, B. Geschichte, wie Anm. 483, S. 292), 16.10. 1864 (MVB v.16.10.1864), 13.11.1864 (Bilz, Arbeit, wie Anm. 95, S.133.

[491]Becker, B., Geschichte (wie Anm. 483), S.291 f.

[492]Mehring, Franz; Geschichte der Deutschen Sozialdemokratie, Bd.3, 4. Aufl., Stuttgart 1909, S.212.

[493]Dabei ging es um den Kampf für das Koalitionsrecht, den Marx und Engels befürworteten, sowie um das Verhältnis zum preußischen Staat, dabei warfen Marx und Engels der Redaktionsmehrheit um J.B.v.Schweitzer vor, zu preußenfreundlich zu sein, Röser unterstützte dabei die Mehrheit um Schweitzer, vgl. SD v. 19.3.1865, Beilage; aber auch als Gegenposition MEW 31, 4. Aufl., Berlin 1986, S.52-54.

[494]Ebd.

[495]SD v. 21.5.1865.

[496]SD v. 1.3.1865.

[497]Bilz, Arbeit (wie Anm. 95), S.136.

[498]SD v. 28.5.1865, dabei darf natürlich nicht übersehen werden, daß diese Quelle in der Auseinandersetzung Partei ist.

[499]Bilz, Kampf (wie Anm. 95), S.137.

über. Nach ihrer Meinung hatten sie keinen Spielraum wegen des „ehernen Lohngesetzes“ innerhalb des kapitalistischen Systems.[500] Ihre Gründung wäre rückwärts gerichtet - ähnlich den früheren Zünften - trüge nur zur Zersplitterung der Arbeiterbewegung bei und würde damit systemstabilisierend wirken.[501] Trotz dieser kritischen Einstellung des ADAV bildeten sich Ende 1865/Anfang 1866 die ersten zen-tralen Gewerkschaften der Zigarrenarbeiter und der Buchdrucker.[502] Im Dezember 1865 wurde in Leipzig der Allgemeine Deutsche Cigarrenarbeiterverein (ADCAV) gegründet, erster Vorsitzender wurde Wilhelm

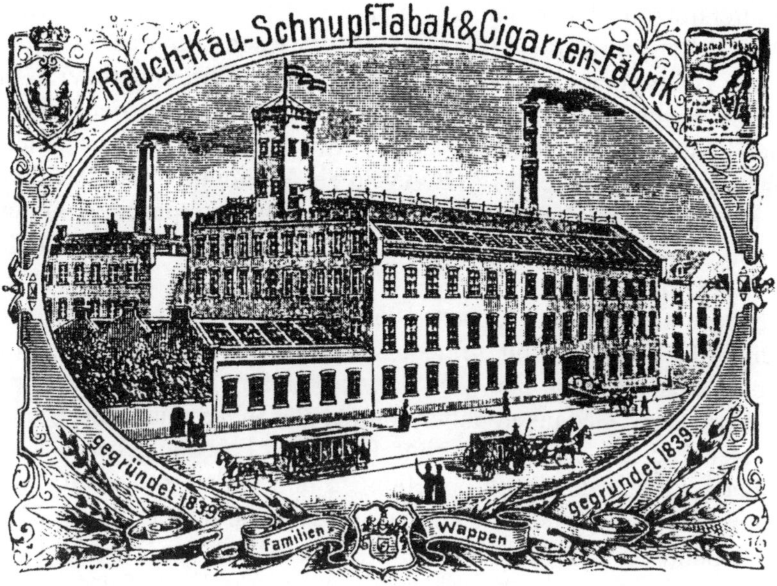

Mülheimer Zigarrenfabrik Maximilian van Gülpen, gegr. 1839

[500] Dieses „eherne Gesetz“ bestimmt, daß der „durchschnittliche Arbeitslohn immer auf den notwendigen Lebensunterhalt reduziert bleibt, der in einem Volke gewohnheitsmäßig zur Fristung der Existenz und zur Fortpflanzung erforderlich ist“, Ferdinand Lassalle: Offenem Antwortschreiben an das Zentralkomitee zur Berufung eines allgemeinen deutschen Arbeiterkongresses zu Leipzig von 1863, in: Dowe, Dieter, Klotzbach, Kurt (Hg.); Programmatische Dokumente der deutschen Sozialdemokratie, Berlin u.a. 1973, S.115.
[501] Vgl. Wehler, Gesellschaftsgeschichte 1849 (wie Anm. 19), S.159.
[502] Engelhardt, Nur vereint (wie Anm. 1), S.266 ff.

Fritzsche.[503] Eine der ersten Forderungen war neben dem Verbot der Heimarbeit die Einrichtung von Kranken- und Sterbekassen, eine schon von der Zigarrenarbeiter-Assoziation 1848 erhobene Forderung.[504] Wegen der restriktiven preußischen Vereinsgesetzgebung und des Koalitionsverbots gab es pro forma keine Ortsgruppen, alles war auf den Sitz der Zentrale in Frankfurt hin organisiert, örtlich gab es nur Zahlstellen.[505]

Schon Anfang 1865 hatten sich in Mülheim die Zigarrenmacher zu einem „Cigarrenmacher-Maskenball" getroffen, einer der Initiatoren war der Zigarrenarbeiter Lacay, bei dem später zeitweise die Krankenunterstützungskasse untergebracht war.[506] Im Sommer 1867 ist eine ADCAV-Zahlstelle für Mülheim nachgewiesen, für das 2. Quartal wurden Beiträge an den Zentralverband in Frankfurt abgeliefert.[507] Im Februar wurde wiederum ein Maskenball „zum Besten der Tabakarbeiter-Kranken-Unterstützungskasse" durchgeführt.[508] Im gleichen Jahr war die Zahlstelle des ADCAV in der Wohnung des G. Heiden in der Kohlgasse 11, dort konnte das Reisegeld in Empfang genommen werden, außerdem wurden Beiträge bis 1870 an die Frankfurter Zentrale abgeführt.[509]

Lassalle starb am 31. August 1864. Ein bald danach auftretender Streitpunkt war, wie mit seinem Vermächtnis umgegangen werden solle, insbesondere ob man sich dogmatisch an alle von ihm geäußerten Worte oder Gedanken halten müsse. Besonders die Gräfin Sophie von Hatzfeld, die sich als legitime Erbin des Lassalle'schen Nachlasses betrachtete, sah seine Vorstellungen und ihren Einfluß im ADAV immer mehr schwinden. Schon seit Mitte 1866 strebte sie an, durch ihr verbundene Männer die Führung des ADAV zu übernehmen.[510] Als dies scheiterte - ihr Kandidat Hillmann unterlag auf der Generalversammlung in Frankfurt am 18. Juni 1866 gegen Perl, - begann sie, die Spaltung des ADAV vorzubereiten.[511]

---

503 Buschak, Menschen (wie Anm. 459), S.48.
504 Ebd.
505 Ebd., S.50.
506 MVB v. 15.1.1865, MKB v. 7.2.1869.
507 Der Botschafter v. 26.10.1867.
508 MKB v. 7.2.1869.
509 Der Botschafter v.26.6.1869 u.f.
510 Mehring, Geschichte, Bd.3 (wie Anm. 492), S.268.
511 SAPMO 41, Bl. 2 ff.; vgl. Mehring, Geschichte, Bd. 3 (wie Anm. 492), S.248; vgl.

An dieser Auseinandersetzung waren die Mülheimer Gemeinde und einer ihrer Führungsmänner - der Seidenweber Peter Bilstein - nicht unwesentlich beteiligt. Diese ADAV-Gemeinde gehörte zu den Oppositionsgemeinden, die nach der Generalversammlung in Frankfurt Protest zugunsten Hillmanns eingelegt hatten.[512] Im Juni 1867 ging dann der größte Teil des Mülheimer ADAV zum neugegründeten Lassalle'schen ADAV (LADAV) über. Er gehörte zu den Gründungsgemeinden des LADAV. Bevollmächtigter wurde Peter Bilstein.[513] Schon vorher war die ADAV-Gemeinde immer schwächer geworden. So berichtete der Bevollmächtigte Joseph Pott Anfang 1866, daß die Gemeinde darniederlag, er sie aber langsam wieder aufbauen würde.[514] Im März hatte sie gerade einmal 12 bis 14 Mitglieder.[515] Die LADAV-Gemeinde hingegen gedieh. Ihre Mitgliedschaft wuchs von 33 Mitgliedern[516]bei der Gründung über 49 im Januar 1868[517] auf 71 im Mai.[518] Eine Mitgliederliste aus dieser Zeit zeigt die Beteiligung der einzelnen Berufe:

Textilarbeiter	39,4 %
Tagelöhner	33,8 %
Tabak-/Zigarrenarb.	8,5 %
Fabrikarbeiter	7 %
Schmiede	4,3 %
Einzelnennungen	7 %.[519]

Zu „Gemeindebeamten“ wurden im Dezember 1867 gewählt:
Peter Bilstein (Seidenweber), Präsident (= Bevollmächtigter),
Johann Biesenbach (Tagelöhner), Kassierer,
Johann Geus (Seidenweber), 2. Kassierer,
Wilhelm Geus (Heizer), Schriftführer,
Wilhelm Mußmacher (Leineweber), 2. Schriftführer.[520]

---

auch Klönne, Arbeiterbewegung (wie Anm. 54), S.45.
[512]AdsD, Best. ADAV, Bl. 738 f.
[513]SAPMO 39, Bl.121.
[514]SAPMO, 27, Bl.7.
[515]Ebd.
[516]SAPMO 39, Bl.12.
[517]SAPMO 20, Bl. 91-94.
[518]Ebd.
[519]Ebd.

Wie Lassalle-gläubig der Mülheimer Bevollmächtigte und die Gemeinde waren, zeigt ein Redebeitrag Bilsteins auf einer öffentlichen LADAV-Versammlung vom 2. Februar 1868:
„Denkt an die Worte des für die Erlösung des Arbeiterstandes gestorbenen Meisters, des Messias der Arbeiter, Ferdinand Lassalle! Die Arbeiter sind der Fels auf welchem die Kirche der Gegenwart gebaut werden soll!“[521]
Zu den Gewerkschaften und zum Streik äußert sich Bilstein auf der Versammlung vom 4. Oktober des gleichen Jahres:
Die organisierten Arbeitseinstellungen sind „verderblich und geradezu reaktionär, sie nährten nicht nur den particularistischen Zeitgeist im Arbeiterstand, zersplitterten seine Kräfte, die er hierdurch verleitet werden sollte, auf Verfolgung kleinlicher und unmöglicher Vortheile zu vergeuden, um ihn zu verhindern, diese Kräfte mit einheitlicher Macht zu richten auf den einen großen Zweck, gänzlicher Beseitigung der Lohnarbeit, Gründung großer Arbeiter-Productiv-Associationen mit Unterstützung durch Staatscredit.“[522]
Die Mülheimer Gemeinde war aktiv, sie traf sich von 1867 bis Anfang 1869 monatlich.[523]Wegen seiner Aktivitäten verlor Bilstein seine Arbeit, „weil ich die Fabrik-Ordnung hart angegriffen habe in einer Versammlung“.[524] Im April standen Bilstein und wahrscheinlich die gesamte Gemeinde wieder auf Seiten des ADAV. [525] Als ADAV und LADAV sich im Juni 1869 unerwartet für wenige Monate wieder vereinigten, ging die Mülheiner Gemeinde zugrunde. In seiner Blütezeit hatte der LADAV gerade einmal 2.000 Mitglieder gegenüber 12.000 des ADAV.[526] In Mülheim betrug die Mitgliedschaft der beiden Gemeinden:

---

[520]SAPMO 88, Bl.42, Gemeindebeamte sind nach heutigem Verständnis Vorstandsmitglieder.
[521]Freie Zeitung (FZ) v. 22.2.1868.
[522]FZ v.17.10.1868.
[523]So die verschiedenen Berichte in der FZ v. 18.12.1867, 11.1.1868, 22.2.1868, 11.4.1868, 12.9.1868, 17.10.1868.
[524]SAPMO 88, Bl.24.
[525]SD v. 16.5.1869, Beilage.
[526]Herzig, Arno; Der Allgemeine Deutsche Arbeiter-Verein in der deutschen Sozialdemokratie, Berlin 1979, S.181.

Datum	ADAV	LADAV
5.7.1864	25	
2.8.1864	26	
5.8.1864	39	
Ende 1865	220	
31.3.1866	12	
3.6.1867		33
1.11.1867		22
8.11.1867		30
8.1.1868		49
Mai 1868		71[527]

In die Zeit der Abspaltung fiel die erste gleiche und direkte Wahl für die konstituierende Versammlung des Norddeutschen Reichstages am 12. Februar 1867. In Mülheim begann eine rege Agitationstätigkeit in den beiden Monaten Januar und Februar 1867. Insgesamt fünf große Versammlungen des „Arbeiter-Wahl-Comitè“ fanden statt.[528] Zu der am 3. Februar wurde aufgerufen, „um während der noch so kurzen Zeit den wahren Zweck und die völlige Einigkeit noch zu erreichen“.[529] Die Begründung für die Versammlung am 10. Februar lautete, „um sämtliche Wahlberechtigte in allen Kreisen den von uns aufgestellten Candidaten Heinrich Schob aus Cöln ... nochmals dringend zu empfehlen“.[530]Fünf Tage nach der Wahl lud das Komitee noch einmal zu einer großen Versammlung zwecks Nachbetrachtung der Wahlen und zur Besprechung der weiteren Vorgehensweise ein.[531]
Der ADAV-Kandidat Schob erhielt im gesamten Wahlkreis 1075 Stimmen, das entsprach 8,4 Prozent. In der Stadt Mülheim waren es allein schon 393 Stimmen, das entsprach 45,4 Prozent der Stimmen.[532] Gewählt wurde Graf von Nesselrode von der Freikonservativen Ver-

---

[527]Aus den Abrechnungen und Berichten abgedruckt im SD und FZ.
[528]Am 13.1.1867 (MVB v.13.1.1867), 20.1. (MVB v.17.1.1867), 27.1. (MVB v.24.1.1867), 3.2. (MVB v.30.1.1867) und 10.2. (MVB v.7.2.1867).
[529]MVB v.30.1.1867.
[530]MVB v. 7.2.1867.
[531]MVB v. 17.2.1867.
[532]RhZ v. 14.2.1867 und RhZ v. 5.1.1910.

einigung.[533] Bei diesen Wahlen wurden keine sozialistischen Arbeiterkandidaten in den Reichstag gewählt.[534] Die konstituierende Versammlung des Norddeutschen Reichstags blieb jedoch nur ein halbes Jahr im Amt, sie hatte die Aufgabe, eine Verfassung vorzuschlagen. Die erste ordentliche Wahl für die dreijährige Legislaturperiode des Reichstags fand am 31. August 1867 statt. Auch für diesen Wahlgang lud in Mülheim das bis zur Bestätigung „provisorische" „Arbeiter-Wahl-Comitè" zu insgesamt fünf großen Wahlversammlungen ein.[535] Auf der ersten Veranstaltung wurde die Begründung für die Tätigkeit des Wahlkomitees angegeben, „um die Vormundschaft, welche bisher von allen Seiten auf uns lastet, zu beseitigen, und dem Druck, welche mehrere Partheien auf uns auszuüben suchten, entgegentreten zu können".[536] Hintergrund war, daß insbesondere die Mülheimer Fortschrittspartei - oft in Person ehemaliger AV-Vorstandsmitglieder - Druck auf die Arbeiter ausübte, damit Sozialdemokraten und Fortschrittspartei zusammen sich auf einen Kandidaten einigten. Daß dies ein Fortschrittler sein sollte, war denen wohl bewußt.[537] Aber die Mülheimer Arbeiter lehnten dies ab, sie stellten sich in der Wahlversammlung vom 4. August ausdrücklich hinter den Kandidaten Dr. Reincke, einen dem ADAV nahestehenden Arzt aus Hagen.[538] Das Ergebnis der Wahl war, daß Reincke im gesamten Wahlkreis 524 Stimmen erhielt, davon aus der Stadt Mülheim 218, das entsprach einem Stimmenanteil von 34,9 Prozent. Auch wenn sich die Stimmenzahl halbierte, war der Stimmenanteil im Wahlkreis auf 9,2 Prozent gestiegen, dies lag an der viel geringeren Wahlbeteiligung. Gewählt wurde im Wahlkreis Dr. Waldeck, der Kandidat der Freisinnigen Partei.[539]
Trotz Abspaltung des LADAV war in Mülheim die Trennung wohl noch nicht so scharf gezogen, das zeigt die Unterstützung der beiden ADAV-Kandidaten bei den Wahlen. Ein weiteres Indiz dafür ist, daß

---

[533] MVB v. 17.2.1867; vgl. Specht, Fritz, Schwabe, Paul; Die Reichstags-Wahlen von 1867 bis 1907, Berlin 1908, S.176.
[534] Mehring, Geschichte, Bd.3 (wie Anm. 492), S.275.
[535] Am 14.7. (MVB v.14.7.1867), 21.7. (MVB v.18.7.1867), 28.7. (MVB v.25.7.1867), 4.8. (MVB v. 1.8.1867) und 11.8. (MVB v.8.8.1867).
[536] MVB v. 14.7.1867.
[537] RhZ v. 5.1.1910.
[538] MVB v. 8.8.1867.
[539] MVB v. 8.9.1867 und MSKB v. 8.9.1867; vgl. Specht/Schwabe, Reichstagswahlen (wie Anm. 533), S.176.

der LADAV-Bevollmächtigte Bilstein in einer ADAV-Versammlung deren Vorsitzenden J.B.v. Schweitzer für sein erstes Auftreten im Reichstag lobte.[540]

In den Norddeutschen Reichstag gelangten vom ADAV Präsident J.B.v. Schweitzer und Dr. Reincke[541], vom LADAV dessen Vorsitzender Försterling und von den vier Kandidaten der Deutschen Volkspartei der Arbeiterkandidat Wilhelm Liebknecht.[542]In den bis 1870 stattfindenden Nachwahlen rückten für den ADAV Fritzsche und Hasenclever, für den LADAV Mende und die SDAP Bebel nach.[543]

Inzwischen hatte sich im Spektrum der sozialistischen Arbeiterbewegung eine weitere Kraft unter der Führung von August Bebel und Wilhelm Liebknecht etabliert. Aus dem sächsischen Teil des VDAV gab es Bemühungen, eine Partei zu gründen. So hatte sich die Sächsische Volkspartei (SVP) und im Vorfeld der Wahlen zum Norddeutschen Reichstag die Deutsche Volkspartei (DVP) gebildet. Aus dem VDAV spaltete sich 1869 die Sozial-Demokratische Arbeiterpartei (SDAP) ab. Auf ihrem Gründungskongreß vom 7. bis 9. August 1869 in Eisenach wurde der in Deutz bei Köln geborenen Drechslermeister August Bebel zu ihrem Vorsitzenden gewählt.[544] Auch eine ADAV-Minderheit[545] war dabei, die mit Schweitzers (Vors.) diktatorischem Führungsstil nicht einverstanden war. Sie schafften es auch in Köln, eine größere Zahl von ADAV-Mitgliedern auf ihre Seite zu ziehen. So waren auf dem Eisenacher Kongreß vier Kölner Delegierte vertreten, die rund 460 Arbeiter repräsentierten.[546]Auch in Mülheim machten sich die Aktivitäten der SDAP bemerkbar. So referierte Heinrich Schob, später Delegierter auf dem Eisenacher Kongreß, im April 1869 in einer Mülheimer Arbeiterversammlung.[547] Schon Ende des Jahres

---

540SD v.1.11.1867.

541Damals war es erlaubt, in mehreren Wahlkreisen gleichzeitig zu kandidieren, Reincke war im Wahlkreis Elberfeld/Barmen in der Stichwahl erfolgreich, so Mehring, Geschichte, Bd.3 (wie Anm. 492), S.285.

542Ebd., S.285 f.

543Ebd., S.316, 342, 347 und 384.

544Mehring, Geschichte, Bd.3 (wie Anm. 492), S.365.

545Ebd.

546Protokoll über die Verhandlungen des Allgemeinen Deutschen sozialdemokratischen Arbeiterkongresses zu Eisenach am 7., 8. und 9. August 1869, Leipzig 1869, S.77-81.

547SD v.16.5.1869, Beilage.

finden sich zwei Abonnenten der SDAP-Zeitung „Der Volksstatt“ (VS) in Mülheim[548] und im August 1870 wird die Stadt als ein Ort genannt, in dem eine SDAP-Gemeinde besteht und deshalb monatliche Beiträge zu entrichten seien.[549] Die Mülheimer wie auch Kölner Arbeiter einigten sich darauf, zu den Reichstagswahlen am 3. März 1871 je nur einen Kandidaten der SDAP aufzustellen.[550] In Mülheim war dies Wilhelm Liebknecht. Er erhielt jedoch im gesamten Wahlkreis nur 22 Stimmen (0,2 %), die alle aus der Stadt Mülheim kamen.[551] Diese geringe Ergebnis mag sich aus der Zersplitterung der sozialistischen Arbeiterbewegung erklären. Durchaus mögliche Ursachen sind auch die durch den deutsch-französischen Krieg verursachten Wirren und die unterschiedliche Haltung der beiden Richtungen der o.g. Arbeiterbewegung dazu.[552]

Relativ spät entwickelten sich neben den Vereinigungen der Zigarren-/Tabakarbeiter gewerkschaftliche Strukturen in Mülheim. Das kann an der Dominanz des ADAV und in den Jahren von 1867 bis Anfang 1869 des LADAV gelegen haben, der von allen Richtungen der gewerkschaftsfeindlichste war. Ein weiterer Grund könnte sein, daß die Handwerkerarbeiter fast vollständig fehlten, die in anderen Städten (Köln, Berlin, Leipzig) die Kontinuitätsträger seit der Revolution von 1848 waren und früh zur Gründung von Gewerkschaften schritten.

Der ADAV änderte bald seine ablehnende Haltung gegenüber den Gewerkschaften. Sein Präsident J.B.v. Schweitzer war der erste, der 1868 den ersten zentralen Gewerkschaftskongreß nach Berlin einberief.[553] Auf diesem Kongreß wurde der „Allgemeine Deutsche Arbeiterschaftsverband“ (ADASV) von 206 Delegierten gegründet. Außerdem wurde beschlossen, zehn Arbeiterschaften zu gründen, darunter eine der Metallarbeiter.[554] Auf dem nächsten ADASV-Kongreß in

---

548 VS v. 11.12.1869.

549 VS v. 31.8.1870.

550 Die SDAP hatte sich 1870 in Sozial-Demokratische Arbeiterpartei „Deutschlands“ umbenannt.

551 Hombach, Heinz-Jürgen; Reichs- und Landtagswahlen im Siegkreis sowie in den Kreisen Mülheim am Rhein, Wipperfürth, Gummersbach und Waldbröl 1870 - 1878, Diss. masch. schr., Bonn 1963, S.207.

552 Dazu Grebing, Geschichte (wie Anm. 467), S.87 f.

553 Engelhardt, Nur vereint (wie Anm. 1), S.594 f.

554 Mehring, Franz; Geschichte der Deutschen Sozialdemokratie, 3. Band, 4. Aufl., Stuttgart 1909, S.360 f.

Kassel vom 22. Bis 27. Mai 1869 waren 100 Delegierte, die 35.232 zahlende Mitglieder aus 220 Orten vertraten.[555] Darunter war auch ein Mülheimer Abgesandter, der 28 Metallarbeiter vertrat.[556]
Seit Aufhebung des Koalitionsverbots durch die Gewerbeordnung für den Norddeutschen Bund 1869 nahmen die Streiks sprungartig zu und wurden für die Arbeiterparteien zum Thema. Bis 1860 lagen die Arbeitskämpfe in Deutschland bei durchschnittlich zehn im Jahr.[557] Seit 1867 wuchs die Zahl der Streiks, ab 1869 drastisch. So waren es 1869 schon 152, sechsmal mehr als im Jahr zuvor.[558]1872 waren es 362 und 1873 289 Streiks.[559] Insbesondere die in der Gründerzeit erzielten immensen Gewinne ließen bei den Arbeitern die Forderung aufkommen, an den Zuwächsen teilzuhaben. Sie artikulierten ihre Forderungen in Streiks.[560] Oft entstanden diese eigenständig vor Ort und waren selten an eine zentrale Organisation gebunden.[561] Zumeist wurden höhere Löhne, Überstundenbezahlung, Festsetzung von Mindestlöhnen und verkürzte Arbeitszeiten gefordert.[562] Zu den Streikbeteiligten gehörten auch die Seidenweber.
Im Herbst 1871 gab es große Weberstreiks in Wuppertal und Mönchengladbach.[563] Auch in Mülheim streikten vom 30. August bis 25. September 164 Weberinnen und Weber. Betroffen waren die beiden Seidenfabriken Andreae und Fischer u. Co, sowie die Leineweberei Bodewig u. Freydank.[564] Schon sechs Wochen vor Streikbeginn war eine Unterschriftensammlung mit der Forderung um Lohnerhöhung durch die Textilbetriebe gegangen, die an die Fabrikbesitzer gerichtet war.[565] Als die Unternehmer nicht reagierten, wurden für Sonntag, den

---

[555] Ebd.
[556] Engelhardt, Anfänge (wie Anm. 1), S.838 ff.
[557]Kuczynski, Geschichte 11 (wie Anm. 160), S.139.
[558]Wehler, Gesellschaftsgeschichte 1849 (wie Anm. 19), S.163.
[559]Ebd.; vgl. Machtan, Lothar; Streiks und Aussperrungen im Deutschen Kaiserreich. Eine sozialgeschichtliche Dokumentation für die Jahre 1871 bis 1875, Berlin 1984, S.487.
[560]Klönne, Arbeiterbewegung (wie Anm. 54), S.56.
[561]Machtan, Streiks (wie Anm. 559), S.10 f.
[562]Wehler, Gesellschaftsgeschichte 1849 (wie Anm. 19), S.163.
[563]Emsbach, Betriebsverfassung (wie Anm. 90), S.467 und 568.
[564]HAStK, Best. 870, Nr. 563, Bl. 63-68; RWWA 2/14/1 o.P.; vgl. Machtan, Streiks (wie Anm. 559), S.96 f.; vgl. Hombach, Reichs- und Landtagswahlen (wie Anm. 551), S.243 ff.
[565]Machtan, Streiks (wie Anm. 559), S.96.

27. August Morgens 9 ½ Uhr alle in dem „Weber- und Wirkerfach inbegriffene Arbeiter, Zeug-, Lein- und Wollweber, Tuch-, Zeug- und Raschmacher, Bund-, Seiden-, Sammet- und Fabrikweber" eingeladen.[566] Initiator war Peter Bilstaein, der schon 1867 bei der Gründung der LADAV-Gemeinde aktiv war und nicht „Agitatoren aus dem Wupperthale", wie der Bericht des Bürgermeisters von Mülheim glauben machte.[567] Die in „großer Ordnung"[568] verlaufende Versammlung beschloß drei Forderungen:

1. Lohnerhöhungen um 25 %,
2. Extra-Vergütung der Vorarbeiten am Webstuhl,
3. Abschaffung der Strafgelder für Verspätung etc.[569]

Auf der Zusammenkunft mit rund 400 Teilnehmern wurde ein fünfköpfiges Komitee gewählt, das den Unternehmern die Forderungen im Auftrage der Kollegen überbringen sollte;[570] Mitglieder waren unter anderem Peter Bilstein und der Wirt Peter Lülsdorf.[571] Die Fabrikinhaber lehnten die Forderungen ab und entließen die Komiteemitglieder.[572] Nachdem die Arbeiter eine Frist von 24 Stunden zur Erfüllung der Forderungen und Wiedereinstellung der Gekündigten gesetzt hatten und sich nichts tat, begannen 27 Leineweber von Bodewig und Freydank am 30. August den Streik. Einen Tag später folgten 102 Bandweber von Andreae, darunter 15 Frauen und 35 Weber von Fischer u. Co.[573] In einer Flugblattaktion wandten sich die Weber an die Mülheimer Bevölkerung und warben um Unterstützung.[574] Insbesondere wehrten sie sich gegen die „verläumderischen Announcen" in der Lokalpresse.[575] Die einzige Streikunterstützung erhielten die Weber „von hiesigen Einwohnern sowie von auswärts" und zwar Geld und

---

566 Zitat nach VS v. 19.8.1871.
567 HAStK, Best. 870, Nr. 563, Bl.64.
568 Zitat nach Hombach, Reichs- und Landtagswahlen (wie Anm. 551), S.244.
569 RWWA, 2/14/1 o.P.; vgl. VS v. 6.9.1871.
570 Machtan, Streiks (wie Anm. 559), S.97.
571 VS v. 13.9.1871.
572 Ebd.
573 HAStK, Best. 870, Nr.563, Bl. 63-68.
574 Machtan, Streiks (wie Anm. 559), S.97.
575 Ebd.; leider ist keine Mülheimer Zeitung aus dieser Zeit erhalten nur die ausführliche Gegendarstellung im VS v. 23.9.1871.

Lebensmittel.[576] Dies reichte jedoch zur Ernährung der Familien nicht aus, so daß einige Streikende sich zwischenzeitlich als Erd- und Straßenbauarbeiter verdingten.[577] Schließlich kam es zu Verhandlungen, die zuerst bei Bodewig und Freydank, ein paar Wochen später auch bei Andreae und Fischer zu einem Teilerfolg mit einer zehnprozentigen Lohnerhöhung führten.[578] Daß die Seiden- und Leineweber einen günstigen Zeitpunkt zum Streik ausgesucht hatten, zeigt der Jahresbericht der Handelskammer Mülheim von 1871, in dem von einem empfindlichen materiellen Schaden durch den Ausstand gesprochen wird, da er in die „Zeit der größten Aufträge“ gefallen sei, „weil das große Herbstgeschäft in den Monaten September/Oktober gemacht wird“.[579] Positives Ergebnis des Ausstandes war, daß sich in Mülheim 84 Weber und Arbeiter verwandter Berufssparten in der Internationalen Gewerksgenossenschaft der Manufaktur-, Fabrik- und Handarbeiter organisierten,[580] die der SDAP nahestand. Im Oktober des gleichen Jahres wählte die Mülheimer Gemeinde ihren Vorstand. Bevollmächtigter wurde Peter Bilstein, Beitragssammler Ernst Leonhardt und Kontrolleur Joseph Herkenrath aus Buchheim.[581] Die Gruppe führte anfangs wöchentlich regelmäßige Versammlungen durch.[582]

Die ersten Spuren der SDAP in Mülheim sind schon 1869 dokumentiert.[583] Auf Versammlungen der Partei im Herbst und Winter des Jahres 1871 wurde über die Themen Normalarbeitstag, Sinn der Gewerkschaften, Vereinbarung der Kaufleute und Produktiv-Genossenschaften diskutiert.[584] Auch 1872 fanden noch einzelne öffentliche Versammlungen bzw. Arbeiterfeste statt, manchmal zusam-

---

576 HAStK, Best. 870, Nr.563, Bl.67.

577 Ebd.

578 Ebd., Bl.68; vgl. RWWA 2/14/1 o.P.; vergl Machtan, Streiks (wie Anm. 559), S.97, die Bemerkung bei Machtan, daß die Verhandlungen mit den Unternehmern vom Komitee geführt wurden, scheint mir unwahrscheinlich, da diese fünf Leute sofort entlassen und ein Jahr lang von einer Beschäftigung in Mülheimer Betrieben ausgeschlossen wurden.

579 RWWA 2/14/1 o.P.

580 VS v. 14.10.1871, Vorort (Sitz) der Gewerkschaft war Crimmitschau, ihr erster Vorsitzender war Julius Motteler, der spätere SAP-Reichstagsabgeordnete.

581 VS v. 21.10.1871.

582 Vgl. VS v. 21.10.1871; ab 1872 sind keine Versammlungen mehr dokumentiert.

583 S.o.

584 So u.a. auf einer Versammlung v. 5.11.1871 mit 200-300 Teilnehmern, HSAD Reg. Köln, Nr. 8083, Bl. 34.

Große Volks-Versammlung

Sonntag den 5. November, Morgens 10 Uhr,

im St. Sebastianus-

Schützenhause

zu Mülheim am Rhein.

Tages-Ordnung:

1. **Der Normal - Arbeitertag.**
Referent Fr. W. Rafpe aus Essen.

2. **Zweck der Gewerkschaften.**
Referent K. Berg aus Köln

3. **Die Vereinbarung der Kaufleute.**
Referent Pet. Bilstein aus Mülheim.

4. **Die Produktiv-Genossenschaft.**
Referent: Früherer Reichstags - Abgeordneter Fritz Mende

Um zahlreiches Erscheinen bittet

Peter Bilstein.

Druck von C. G. Künstler.

Einladungsplakat für die Volksversammlung vom 5. November 1871

men mit den umliegenden SDAP-Gemeinden.[585] Laut Auskunft des Wirtes des Schützen-
hauses tagte „in seinem Lokale ständig die Arbeiter-Vereinigung".[586] Für die Jahre bis 1873 sind keine weiteren Versammlungen dokumentiert.[587]Dies mag an der Spaltung der sozialistischen Arbeiterbewegung liegen, die die wenigen Kräfte vor Ort absorbierte.[588] Auch darf nicht vergessen werden, daß nur ein sehr geringer Teil der Arbeiterschaft sich politisch engagierte, die meisten blieben außerhalb der Organisationen der Arbeiterbewegung.[589]

---

585 So beispielhaft dokumentiert in VS v. 2.3.1872 und 4.9.1872.
586HSAD Reg. Köln, Nr. 8083, Bl. 34.
587Auch nicht in den Polizei- und Zeitungsberichten von Bürgermeister und Landrat.
588So die Einschätzung von Hombach, Reichs- und Landtagswahlen (wie Anm. 551). S.247; vgl. Kellenbenz, Wirtschaftsentwicklung (wie Anm. 117), S.84.
589Vgl. Kocka, Jürgen; Traditionsbindung und Klassenbildung. Zum sozialhistorischen Ort der frühen deutschen Arbeiterbewegung, in: HZ 243 (1986), S.341 f.

Von der Krise zum Sozialistengesetz

Die große Depression
1. Politik und Wirtschaftskrise

Nach dem deutsch-französischen Krieg und der Reichsgründung hatte sich das Kaiserreich als konstitutionelle Monarchie etabliert. Diese Regierungsform hatte einen ambivalenten Charakter. Zum einen hatte sie demokratische Elemente durch das gleiche, allgemeine, geheime und direkte Wahlrecht, auf der anderen Seite war der gewählte Reichstag von der Regierungsverantwortung ausgeschlossen, er hatte nur wenige Kompetenzen bei der Gesetzgebung, Steuerfestsetzung und - beschränkt - bei der Festsetzung des Militäretats.[590]Die Fürstenmacht war weiterhin in Militär und Verwaltung ungebrochen.[591] Der Reichskanzler Bismarck stützte sich im Reichstag zum großen Teil auf die Nationalliberale Partei. Die sogenannten Reichsfeinde - das Zentrum und die Sozialdemokraten - galt es zu bekämpfen.[592]Dies prägte die Zeit politisch nach den Gründerjahren bis zum Erlaß des Sozialistengesetzes.
Außer bei den Reichstagswahlen, an denen allerdings nur Männer über 25 Jahre teilnehmen durften, waren die breiten Massen der Bevölkerung von der politischen Mitwirkung ausgeschlossen. Auf kommunaler wie Landtagsebene galt weiterhin das Dreiklassen-Wahlrecht. So zählte die Stimme eines Wählers in der ersten Klasse das 18 bis 26-fache, die eines Wählers der zweiten Klasse das 5 bis 8-fache eines Wählers der dritten Klasse.[593]
Ein Thema trat ab 1873 immer mehr in den Mittelpunkt, die große Wirtschaftskrise, auch Gründerkrise genannt.[594]Es begann eine Diskussion, angestoßen von den beiden mächtigsten Wirtschaftsgruppen, den Großagrariern und der Schwerindustrie, die zum Ziel hatte, daß der Staat in dieser Situation durch seine Zoll- und Interventionspolitik

---

590 Ritter/Tenfelde, Arbeiter (wie Anm. 7), S.81.
591 Ebd.
592 Ebd., S.92.
593 Ebd., S.90.
594 Der Begriff ist etwas irreführend, da es sich nicht nur um eine auf das Deutsche Reich in seiner Gründungsphase begrenzte Krise handelt, sondern um die schwerste Weltwirtschaftskrise bisher, und sie blieb dies auch bis 1929, so Ulrich Wehler, in: Gesellschaftsgeschichte 1849 (wie Anm. 19), S.552.

eingriff.[595] Zu Beginn setzte sich jedoch noch die Freihandelsdoktrin durch. So schaffte das Deutsche Reich 1873 die Zölle auf Roheisen, Schrott und Schiffsbaumaterial ab, die Abgaben auf Eisenhalbzeug und Maschinen wurden verringert, ab 1877 fielen sie ganz weg.[596]
1873 begann die Zeit der Hochindustrialisierung in Deutschland.[597] So stieg die Anzahl der Dampfmaschinen in Preußen von 36.628 (1875) auf 69.167 (1879).[598] Auch die Transportkapazitäten im Güterbereich wurden weiter erhöht, von rund 77.000 Güterwagen 1870 auf 140.000 fünf Jahre später.[599] Die sogenannte Gründerkrise, die zweite große Weltwirtschaftskrise nach der von 1857/58, setzte dem Aufwärtstrend bald ein Ende.

Schon um die Jahreswende 1872/73 gab es erste Produktionseinbrüche bei der deutschen Schwerindustrie.[600] Eine internationale Dimension bekamen die Rezessionstendenzen durch eine von starken Kursstürzen in Wien verursachte Bankenkrise Ende April/Anfang Mai 1873.[601] Ende Juli kam es deshalb zu Insolvenzen großer Industriebetriebe in Österreich. Die Krise breitete sich über die internationalen Bankbeteiligungen immer mehr über Europa aus. Auch in Deutschland verstärkte sich eine Überproduktionskrise: Die in der Gründerzeit geschaffenen Kapazitäten waren viel zu groß. Dies traf zusammen mit dem Zusammenbruch der New Yorker Bank Cook, einem der größten Finanziers des amerikanischen Eisenbahnwesens.[602] In Berlin brach daraufhin die Quistorpsche Vereinsbank zusammen.[603] Als dann in Deutschland 1874 die Aufträge im Eisenbahnbau zurückgingen - das Eisenbahnnetz war ausgebaut - und 1875 der Bergbau in eine Krise kam, hatte die „große Depression“ auch Deutschland erreicht.[604] Die

---

595 Rosenberg, Depression (wie Anm. 19), S.155.

596 Kellenbenz/van Eyll, Geschichte (wie Anm. 294), S.153; vgl. Hansen, Rheinlande (wie Anm. 174), S.810; vgl. Lademacher, Rheinlande (wie Anm. 39), S.584 f.

597 Periodisierung nach Wehler, Gesellschaftsgeschichte 1815 (wie Anm. 17), S.612 f.

598 Ulrich, Industrie (wie Anm. 74), S.66.

599 Henning, Eisenbahnbau (wie Anm. 42), S.10.

600 Kellenbenz, Wirtschaftsentwicklung (wie Anm. 117), S.72.

601 Mottek/Becker/Schröter, Bd.3 (wie Anm. 276), S.161; vgl. Wehler, Gesellschaftsgeschichte 1849 (wie Anm. 19), S.100; vgl. auch Henning, Industrialisierung (wie Anm. 4), S.209.

602 Wehler, Gesellschaftsgeschichte 1849 (wie Anm. 19), S. 100.

603 Ebd., vgl. Mottek/Becker/Schröter, Bd.3 (wie Anm. 276), S.162.

604 Der Begriff ist dem Titel des Buches von Hans Rosenberg „Große Depression und Bismarckzeit“ entlehnt.

Investitionen gingen drastisch zurück. In den 22 Jahren von 1874 bis 1896 wurden nur noch 2,9 Milliarden Mark in Deutschland investiert, genau so viel wie in den beiden Jahren von 1871 bis 1873.[605]Viele Aktiengesellschaften gingen bankrott, Unternehmen mußten ihren Betrieb einstellen. So wurden von 379 Hochöfen in Deutschland bis 1879 166 stillgelegt.[606] Der Tiefpunkt wurde 1879 erreicht. Die Betriebe reagierten mit Entlassungen, Lohnkürzungen und Rationalisierungen, um eine Kostenentlastung herbeizuführen.[607] Ein anderes Mittel ganzer Branchen bestand darin, mit Hilfe von Kartellen und Preisabsprachen die Marktpreise zu diktieren und den Markt zu beherrschen. Gab es 1866 erst vier Kartelle, so waren es 1875 acht und 1887 schon 70.[608]

Auch der Staat griff ein, indem er Krediterleichterungen für Großunternehmen und Aktiengesellschaften gewährte.[609] Immer stärker versuchten nun die Unternehmer und ihre Interessenvertreter, den Staat im Gegensatz zu früher zum Eingriff in das wirtschaftliche Leben zu bewegen. Er begann ab 1878 eine gemäßigte Schutzzollpolitik durch Agrar-, Eisen- und verschiedene Industriezölle.[610] Um die Verwertungsbedingungen für die Unternehmen zu verbessern, ging der Staat zweigleisig vor, zum einem begann er Ende der 70er Jahre mit der o.g. Schutzzollpolitik, zum anderen ging er innenpolitisch vor und unterdrückte 1878 die Arbeiterorganisationen mit Hilfe des Sozialistengesetzes. Beides diente der Absicherung der kapitalistischen Produktion.[611]

2. Industriearbeit in der Krise

Im Rheinland und in Westfalen, eine der am weitesten in der Industrialisierung fortgeschrittenen Großregionen, machte sich die Weltwirtschaftskrise von 1873 sehr deutlich bemerkbar. Besonders litt aufgrund der Überkapazitäten die dominierende Eisen- und Kohleindu-

---

[605]Rosenberg, Depression (wie Anm. 19), S.41.
[606]Wehler, Gesellschaftsgeschichte 1849 (wie Anm. 19), S.556.
[607]Ebd., S.569.
[608]Ebd., S.632 ff.; vgl. Ritter/Tenfelde, Arbeiter (wie Anm. 7), S.53 f.
[609]Rosenberg, Depression (wie Anm. 19), S.173 f.
[610]Kellenbenz/van Eyll, Geschichte (wie Anm. 294), S.152 f.
[611]Ritter/Tenfelde, Arbeiter (wie Anm. 7), S.64; vgl. Klönne, Arbeiterbewegung (wie Anm. 54), S.60; vgl. auch Rosenberg, Depression (wie Anm. 19), S.173 f.

strie.[612]Arbeiterentlassungen und Massenarmut waren die Folge, die sich jedoch nicht mit dem Pauperismus der 1. Jahrhunderthälfte vergleichen ließ.[613]

Im Regierungsbezirk Köln nahm die Zahl der Arbeiter in den 28 größten Betrieben von 1872 bis 1875 um 920 ab, das war ein Abbau von 17 Prozent.[614]Alle 155 Industrieunternehmen beschäftigten zusammen nur noch 6.900 Arbeiter, drei Jahre zuvor hatten allein die Kleinunternehmer (bis 50 Arbeiter) so viel Beschäftigte.[615]Die Arbeitslosigkeit im Regierungsbezirk lag bei 15 bis 20 Prozent.[616]Die ab 1877 langsam beginnenden Produktionsteigerungen führten jedoch vorerst nicht zu Neueinstellungen, sondern nur zur Verringerung der Kurzarbeit.[617] Arbeitslosigkeit gehörte zum Alltag, Arbeiterfamilien waren zur Existenzsicherung - anders als in der Hochlohnphase zuvor - auf die zusätzlichen Einnahmen von Ehefrauen und Kindern angewiesen.[618]

Ab 1871 hatte Mülheim - insbesondere in der Seidenindustrie - vom Aufschwung profitiert, Arbeiter wurden überall gesucht und verdienten gut, so daß sie die sehr hohen Lebensmittelpreise bezahlen konnten.[619] Die Gründerkrise brachte auch für Mülheim eine anhaltende Rezession, wovon neben der Textilindustrie die Metallindustrie am stärksten betroffen war. So waren Ende 1875 im Kreis Mülheim alle Hochöfen ausgeblasen, Walz- und Puddelwerke produzierten nur wenig.[620] Bei der Eisenbahnwagen- und Maschinenfabrik van der Zypen und Charlier, in der viele Mülheimer arbeiteten, sank die Belegschaft von rund 1.000 Arbeitern (1875) auf 300 ab.[621] Auch wurde die schlechte Auftragslage zur Herabsetzung der Löhne und Akkordsätze sowie zur Verschlechterung der Arbeitsbedingungen genutzt, wie fol-

[612]Stadt Cöln, (Hg.); Die Stadt Cöln im 1. Jahrhundert unter Preußischer Herrschaft. 1815 bis 1915, Band I, 2. Teil, Cöln 1916, S.20 f.

[613]Vgl. Rosenberg, Depression (wie Anm. 19), S.48.

[614]Kuczynski, Jürgen; Die Geschichte der Lage der Arbeiter unter dem Kapitalismus, Bd. 3, Darstellung der Lage der Arbeiter in Deutschland von 1871 bis 1900, Berlin 1962, S.256.

[615]Ayçoberry; Köln (wie Anm. 176), S.308.

[616]Ebd.

[617]Kuczynski, Geschichte 3 (wie Anm. 614), S.256.

[618]Aycçoberry, Köln (wie Anm. 176), S.361 f.

[619]Siehe Kap. 3.1.2.; vgl. Hermanns, Handelskammer (wie Anm. 80), S.130.

[620]Ebd., S.131 f.

[621]MA v. 29.11.1876.

gendes Dekret in der Firma van der Zypen und Charlier vom Frühjahr 1875 zeigt: „Die mangelhafte Unterhaltung der Drehbänke veranlaßt uns, Folgendes zu bestimmen: Diejenigen Arbeiter, welche ihre Werkzeugmaschinen und deren umliegenden Raum nicht auf's Sauberste unterhalten, verfallen in eine Geldstrafe bis zu 5 Mark (damals mehr als ein Wochenlohn, F.B.), event. Entlassung...Kleinere Reparaturen an den Drehbänken, wenn dieselben nicht durch Verschleiß vorzunehmen, sind in den Akkordpreisen einbegriffen."[622]
Insgesamt reduzierte sich die Arbeiterschaft Mülheimer Industriebetriebe von 1872 auf 1876 von 1.785 Arbeitern auf 1471, das war ein Minus von 17,6 Prozent:[623]

Jahr	**1872**	**10/1875**	**9/1876**	**9/1877**	**8/1878**
Industriearbeiter in Mülheimer Betr.	1785	1616	1506	1471	1677

Dazu addieren sich noch die Entlassungen Mülheimer Arbeiter bei den Betrieben van der Zypen und der Gasmotorenfabrik Deutz, das waren auch noch einmal rund 250, die nun ohne Arbeit dastanden.[624] Dabei verlief der Konjunkturverlauf nicht einheitlich in den vier in Mülheim bestimmenden Industriebranchen. In der Textilindustrie setzte der Personalabbau unmittelbar nach 1873 ein, wie folgende Tabelle zeigt:

Beschäftigte in Mülheimer Textilbetrieben 1872 bis 1878

Fabrik	**1872**	**1875**	**1876**	**1877**	**1878**
Andreae	650	485	490	485	490
Rommel/Nagel	126	115	125	67	56
Fischer	55	28	Betrieb wurde stillgelegt.		
Summe	**831**	**628**	**615**	**552**	**546**[625]

Ein kontinuierlicher Trend nach unten ist zu erkennen: Der Vergleich

---

[622] VS v. 23.4.1875.
[623] HAStK, Best. 870, Nr.1557, Pg.21-44.
[624] Vgl. Anm. 325.
[625] HAStK, Best. 870, Nr. 1557, S.21-44.

der Beschäftigtenzahlen weist ein Minus von 34,3 Prozent von 1872 bis 1878 aus.[626]
In den Branchen Metall, Chemie/Farben und feuerfeste Steine wirkte sich die Krise verzögert aus, hier hatten die Betriebe 1875 die höchste Beschäftigtenzahl in den 70er Jahren, erst danach reduzierten die Unternehmen die Belegschaften:[627]

Beschäftigte in den Mülheimer Betrieben (Metall-/Chemie-/feuerfeste Steine) **1872 bis 1878**

Branche	1872	1875	1876	1877	1878
Metall (8 Betr.)	446	560	436	513	675
Chemie/Farben (5 Betriebe)	118	140	133	110	128
feuerfeste Steine (4 Betriebe)	60	77	52	58	98
Summe	**624**	**667**	**621**	**681**	**901**[628]

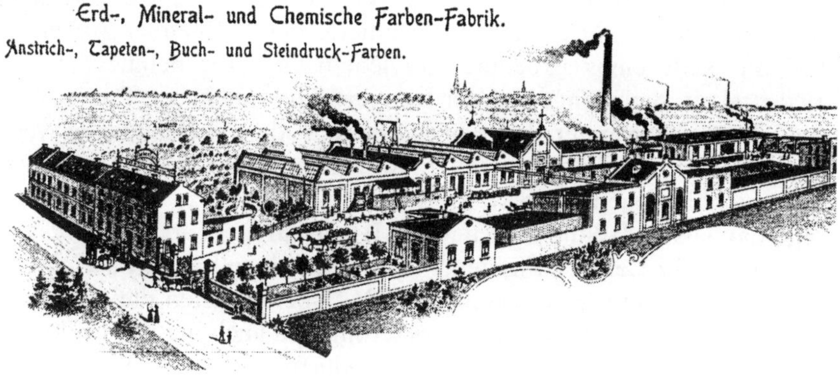

Chemische Fabrik und Farbwerke Dr. Koll & Spitz

---

[626]Ebd.
[627]HAStK, Best. 870, Nr. 1557, Bl. 21-44; vgl. auch Henning, Friedrich-Wilhelm; Die Stadterweiterung unter dem Einfluß der Industrialisierung (1871 bis 1914), in: Zwei Jahrtausende Kölner Wirtschaft. Band 2: Vom 18. Jahrhundert bis zur Gegenwart, hrg. im Auftrag des Rheinisch-Westfälischen Wirtschaftsarchivs zu Köln, Köln 1975, S.336, der die höchste Beschäftigtenzahl irrtümlich ein Jahr später auf 1876 in Mülheim festlegt.
[628]HAStK, Best. 870, Nr.1557, S.21-44.

Spätestens 1878 begann bei diesen Branchen schon wieder der Aufschwung. Wegen der Krise gab es in Mülheim mehrere Betriebsschließungen. So schloß die Mülheimer Hütte 1874 die Tore, 170 Arbeiter wurden arbeitslos; im gleichen Jahr stellte die Holzfaktorei der Rheinisch Westfälischen Industrie den Betrieb ein, weitere 100 Arbeiter waren ohne Lohn. Ende 1877 machte die Seidenbandweberei Fischer dicht, ein paar Monate später die Eisengießerei D'Heur, dies betraf mit den vorher erfolgten Reduzierungen rund 90 Arbeiter.[629] Rund 360 Arbeitsplätze waren verloren, etwa 20 Prozent aller in der Mülheimer Industrie vorhandener Arbeitsstellen. In den Zeitungsberichten der Bürgermeister von Mülheim und Holweide sowie des Landrates zwischen 1875 und 1877 wird die soziale Lage der Arbeiter oft erwähnt. „...In den meisten Fabriken von Kalk, Deutz und Mülheim ... (sind, F.B.) die Geschäfte sehr reduziert und deshalb viele Arbeiter im Lohn herabgesetzt und weitere auch entlassen worden",[630] berichtete der Bürgermeister der Umlandgemeinde Merheim 1875. Der Mülheimer Landrat schrieb Ende 1877: „Die Beschäftigungslage ist schlecht, die Löhne gering, auch wegen der ausländischen Konkurrenz."[631] In den Arbeiterversammlungen Mülheims kam die soziale Situation sehr oft zur Sprache. So zitierte der Mülheimer Anzeiger 1877 die Rede eines Arbeiters: „In jedem Gewerbe nehme die Arbeitslosigkeit, die Armut und der Hunger immer mehr zu. Das größte Elend findet man unter den Fabrikarbeitern, da die Besitzer es verstanden hätten, die Löhne herunterzudrücken. Der Lohn des Arbeiters reiche nicht hin, sich, geschweige denn seine Familie zu ernähren. Die Folge davon sei, daß die Frau und die Kinder in den Fabriken arbeiten müssen, um ihr Leben zu fristen."[632] Im redaktionellen Teil berichtete die gleiche Zeitung im Dezember 1878: „Überall lasten die traurigen Arbeitsverhältnisse auf die (!) Bevölkerung und auch bei uns ist dieses sehr zu spüren, denn die Zahl der Hilfsbedürftigen nimmt immer mehr zu. Hatte der Erziehungsverein im vorigen Jahre für eine ziemliche Anzahl Kinder zu sorgen, so sind es in diesem Jahre bedeutend mehr

---

[629] Alle Daten in HAStK, Best. 870, Nr.1557, Bl. 21-44.

[630] Zeitungsbericht des Bürgermeisters von Merheim einer Nachbargemeinde v. letzten Quartal 1875, HSAD. LAMü, Nr.92, S.43.

[631] Zitat aus dem Zeitungsbericht des Landrats an den Oberpräsidenten über das letzte Quartal 1877, in HSAD, LAMü, Nr.92, S.376.

[632] Zitiert nach MA v. 18.7.1877.

und zwar 310."[633] Jetzt gab es - wie im Winter zuvor - wieder eine Suppenanstalt, die ähnlich wie in den 40er Jahren Mahlzeiten verbilligt zu 10 Pfennigen oder an ganz Bedürftige kostenlos abgab.[634] Ein weiteres Indiz für die in Mülheim herrschende Armut waren die 1877 und 1878 verstärkt auftretenden Anzeigen über gerichtliche Verkäufe von Möbeln und Vieh in den beiden Mülheimer Zeitungen „Mülheimer Anzeiger" und „Mülheimer Zeitung".

Trotz dieser Rezession entwickelte sich die Mülheimer Industrie weiter, es wurden sogar Infrastrukturverbesserungen durchgeführt. So wurde der Mülheimer Hafen zwischen 1875 und 1877 zu einem leistungsfähigen Güterhafenumschlagszentrum ausgebaut.[635]

Als letzter Zweig der Textilbranche führte die Seidenindustrie die Maschinenstühle ein. 1873/74 arbeitete erst ein Viertel der Industrie im Maschinenbetrieb.[636] Sie beschränkten sich auf die Herstellung schmaler Seiden-/Halbseidenbänder mit einfachen Mustern. Breite Bänder, Samt- und Seidenstoffe mußten weiter mit Handwebstühlen hergestellt werden.[637] Dabei arbeiteten die meisten Seidenweber Deutschlands 1875 in Mittelbetrieben mit 11 bis 50 Beschäftigten.[638] Erst durch eine weitere drastische Veränderung (wie 1860 durch den Bandstuhl) wurde der Trend zu Großbetrieben verstärkt, durch die Erfindung und Einführung des Maschinenwebstuhls in der Bandweberei.[639] Als erste Mülheimer Seidenfabrik begann Andreae 1881 mit der Umstellung auf Samtmaschinenwebstühle.[640]

Neben den Betriebsschließungen gab es in Mülheim in der Zeit von 1872 bis 1877 auch 16 Betriebseröffnungen, davon allein sechs in der Metallindustrie. So begannen die Produktion:[641]

---

633 Zitiert nach MA v. 3.12.1878.

634 MA v. 7.12.1878.

635 Denkschrift zur Eröffnung der neuen Werft- und Zollamts-Anlagen mit Bahnanschluß zu Mülheim am Rhein am 2. Juli 1898, Mülheim am Rhein 1898, S.3; ob dies eine Arbeitsbeschaffungsmaßnahme der Stadt Mülheim war, ist aus den Protokollen des Stadtrates nicht ersichtlich.

636 Henning, Industrialisierung (wie Anm. 4), S.144.

637 Hoth, Industrialisierung (wie Anm. 68), S.200 und S.211.

638 Blumberg, Horst; Die deutsche Textilindustrie in der industriellen Revolution, Berlin 1865, S.64

639 Cohen, Ernst; Die Entwicklung der deutschen Florgewerbe-Industrie bis zum Jahre 1914, Köln 1927, S.24 f.

640 Thimme, Geschichte (wie Anm. 76), S.61.

641 HAStK, Best. 870, Nr.1557, Bl. 21-44.

1874 Felten & Guilleaume (Carlswerk)
1874 Th. Mongen, Eisenguß
1875 Schüller & Cölle, Mülheimer Drahtindustrie
1875 Lammine, Dampfkesselfabrik
1876 Rheinische Maschinenbau AG
1877 Cornelius Schmidt, Eisengießerei

Dampfkessel und Apparatefabrik Th. Lammine

Die bedeutendste Draht-, Drahtseil und Kabelfabrik Felten & Guilleaume (F & G) wurde von 1872 bis 1874 in Mülheim erbaut und löste zu Beginn der 80er Jahre die Seidenfabrik Andreae als größter Betrieb ab. Die seit den 30er Jahren in Köln zuerst als Hanfseilerei betriebene Fabrikation faßte ihre an unterschiedlichen Orten untergebrachten Metallbetriebe in Mülheim zusammen.[642]Für Mülheim sprach nach Meinung der Firmenleitung, daß dort „...geringe Frachten, billiges Terrain, wohlfeile Arbeitslöhne und geringe Entfernung von Köln“ vorhanden sei.[643] Außerdem war das Carlswerk an dem 1872

[642]Bremer, Großindustrie (wie Anm. 15), S.58; vgl. Kamp, Wirtschaftstopographie (wie Anm. 15), S.49; vgl. auch Klein-Meynen, Wirtschaftsarchitektur (wie Anm. 318), S.131.
[643]So die Angabe im Firmenarchiv von F & G, zitiert nach Wellmann, Industrialisie-

errichteten Rheinischem Walzwerk beteiligt und Hauptabnehmer von dessen Halbfertigprodukten.[644] Das Werk hatte von Beginn an einen Gleisanschluß für die Rohstofflieferung und den Abtransport von Fertigprodukten.[645] F & G profitierte von Anfang an von der aufstrebenden Elektro- und Nachrichtentechnik mit ihrem immensen Kabelbedarf. So bekam das Werk 1875 den Auftrag, das deutsche Telegraphennetz aufzubauen. Dabei sollten die bisher unterirdisch verlegten Kabel wegen der häufigen Leitungsstörungen oberirdisch entlang der Eisenbahnen verlegt werden.[646] Von 1876 bis 1881 verlegte F & G die Hälfte aller deutschen Telegraphenleitungen.[647] So war der Betrieb mit Ausnahme des Jahres 1876 fast nicht von der Wirtschaftskrise betroffen, wie die Beschäftigtenzahlen seit Gründung zeigen:

Arbeiteranzahl bei F & G von 1875 bis 1878

Jahr	1875	1876	1877	1878
Anz. d. Arbeiter	332	180	290	450[648]

CARLSWERK 1874

rung (wie Anm. 295), S.52.
[644]Bremer, Großindustrie (wie Anm. 15), S.58.
[645]Ebd.; vgl. Kamp, Wirtschaftstopographie (wie Anm. 15), S.49.
[646]Bremer, Großindustrie (wie Anm. 15), S.75; vgl. Schilling, Konrad (Hg.); Quellen zur Geschichte Kölns in der Neuzeit, 1794-1918, Köln 1960, S.61.
[647]Ebd.
[648]HAStK, Best. 870, Nr. 1557, S.21-44.

Ein weiterer Betrieb, die Mülheimer Drahtindustrie Schüller u. Cölle, siedelte sich 1875 als Zulieferbetrieb für F & G an. Er stellte blanke und geglühte Eisendrähte und Drahtstifte mit einer konstanten Belegschaft von 30 Arbeitern (von 1875-1878) her.[649] Es gibt aus dem Anfangsjahr einen zeitgenössischen Bericht über die Arbeitsbedingungen in dieser Fabrik:
Auf engem Raum „sind 3o Maschinen aufgestellt, jede benötigt nur einen Raum von 30 Quadratfuß. Alle werden nur durch eine Locomobile (Dampfmaschine, F.B.) von 13 PS angetrieben. Jede dieser Maschinen liefert andere Drahtstifte. Ein Arbeiter muß vier Maschinen bedienen. Der Arbeiter muß dafür sorgen, daß wenn eine Rolle Draht abgelaufen, eine neue eingelegt wird...Es geht zu wie in einer Mühle..., aber das Geklapper ist weit größer. Ein wahrer Höllenlärm. Jede der Maschinen liefert pro Minute 20 Drahtstifte, bei einer 20-stündigen Arbeitsschicht täglich 720.000 Drahtstifte beliebiger Dimensionen.“[650]
Seit 1875 gab es im Bereich des Regierungspräsidenten Köln einen Fabrikinspektor, der auch noch für die Bezirke Koblenz und Trier zuständig war.[651]In seinem ersten Jahresbericht über die Arbeitsunfälle in Mülheimer Fabrikbetrieben sind insgesamt 20 aufgelistet, es war kein tödlicher dabei.[652] Die Hälfte ereignete sich in Metallbetrieben, fünf in Sägewerken und vier in Chemiebetrieben. Die meisten Verletzungen - 13 von 20 - waren Brüche und Quetschungen.[653]1876 gab es aufgrund einer Dampfkesselexplosion im Rheinischen Walzwerk zwei Tote und vier Verletzte, einer davon verlor seinen Arm.[654]“Das Innere der Fabrik ist arg verwüstet; ein Schienengeleise, welches etwa 100 Schritte vom Kessel entfernt liegt, wurde aufgewühlt, eine Schiene mitten durchgebrochen. Eine Dampfkesselwand ist über 60 Schritte weggeschleudert worden, einzelne Stücke des Kessels bis zu 300 bis

---

[649]Hermanns, Handelskammer (wie Anm. 80), S.46; vgl. Reiberg 2 (wie Anm. 329), S.36.
[650]So der Mülheimer Anzeiger vom 12.5.1875.
[651]Poerschke, Stephan; Die Entwicklung der Gewerbeaufsicht in Deutschland, 2. Aufl., Jena 1913, S.50, die Aufgaben des Fabrikinspektors waren in der Gewerbeordnung von 1869, § 107 geregelt, allein 1877 hat er in den drei Reg.Bez. 391 Betriebe kontrolliert; vgl. Kuczynski, Geschichte 3 (wie Anm. 614), S.316.
[652]HSAD, Reg.Köln, Nr.2158, Bl. 211-214.
[653]Ebd.
[654]HSAD, LAMü, Nr.92, S.134 ff.

400 Schritte. Die ganze Umgebung ist arg beschädigt."[655]
In den Chemiebetrieben, insbesondere in den beiden Bleifarbenwerken Lindgens und Bergmann/Simons, blieben die Gesundheitsgefahren weiter groß. So waren selbst nach Aussagen der chemischen Industrie Mitte der 70er Jahre 9 bis 16 Prozent der Arbeiter in Bleiweißfabriken bleikrank.[656]Der Bleiweißstaub drang durch Haut, Lunge und Verdauungsorgane in den Körper und löste Vergiftungen aus. Jeder Arbeiter war im statistischen Durchschnitt zweimal jährlich krank.[657]Es gibt eine Zeitzeugenschilderung eines Mülheimer Chemiearbeiters, der die Zustände bei der Bleiweißfabrik Lindgens 1877 schildert:[658]
„Oft schon treten nach dem Verlaufe von zwei bis drei Wochen ...jene schrecklichen Krankheiten auf, welche man unter dem Namen Bleikolik, Bleilähmung und Bleikrankheit des Gehirns kennt.... Die Bleikolik tritt am häufigsten im Sommer auf. Sie verursacht dem

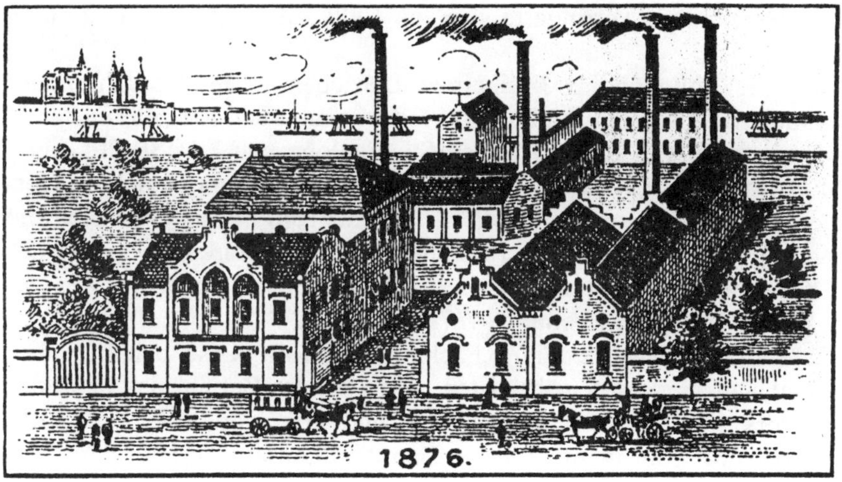

Bleiweißfabrik Lindgens & Söhne

[655]Zitat in ebd.
[656]Walter, Entwicklung (wie Anm. 393), S.107.
[657]Ebd. S.107 f.; siehe auch Anm. 399.
[658]Der Name des Betriebs wird in der Schilderung nicht angegeben, aber die genauen Betriebsdetails, so die Belegschaftsstärke, lassen auf Lindgens schließen, KFP v. 5.5.1877.

Leidenden die furchtbarsten Schmerzen und wird mit jedem neuen Anfall heftiger...Die Bleilähmung erstreckt sich oft auf einzelne Glieder... Die von ihr Betroffenen bleiben größtentheils ihr Leben lang siech und elend....Ja man hat Fälle, wo die Arbeiter durch die Bleikrankheit völlig erblinden.... Eine Reinigung der Tragbalken in den Werkräumen, wo der Bleistaub fingerdick liegt, findet nicht statt. Daß dieser Staub nicht da liegen bleibt, wird jedem klar sein, denn der geringste Luftzug oder die kleinste Erschütterung wirbelt ihn auf und er fliegt dann ...den unteren Räumen zu, wo er seinen Eingang in die Lungen der Arbeiter findet....es existieren vier Stück Schwämme (zum Verbinden des Mundes, F.B.) unter 50-55 Arbeitern..."[659]
Köln und Umgebung entwickelte sich zum Zentrum der rheinischen Bleifarbenindustrie. So arbeiteten 1875 200 bis 300 Arbeiter im Regierungsbezirk Köln in der Bleifarbenherstellung, davon rund 100 in Mülheim..[660] Die täglichen Arbeitszeiten lagen in dieser Sparte bei 11 bis 12 Stunden täglich.[661] Auch in den übrigen Branchen lag sie in diesem Bereich, sie verringerte sich bis 1900 auf 10,5 bis 11 Stunden täglich.[662]
Über die Lohnhöhe in Mülheimer Betrieben ist in den Jahren der Gründerkrise wenig bekannt. Der Zeitzeugenbericht über die Zustände bei Lindgens gibt für 1877 einen Stundenlohn von 2 M 30 Pfg. bis 2 M 70 Pfg. an, das wäre bei voller Jahresbeschäftigung ein Jahresverdienst von 690 bis 810 Mark.[663] In Deutschland verringerten sich die Jahreslöhne in der Metallverarbeitung von 764 Mark (1873) auf 721 (1875). Im Textilbereich verdiente man im Schnitt ein Drittel weniger als in der Metallverarbeitung (427-466 Mark).[664]
Viele Betriebe wollten ihre Facharbeiter trotz Krise behalten. Ein Mittel, um dies zu gewährleisten, war - so der Bericht des Fabrikinspektors der Bezirke Köln, Koblenz und Trier von 1875 - die Lohneinbehaltung für mehrere Tage. Damit sollten die Arbeiter daran ge-

[659] Ebd., der gesamte Bericht s. Anhang.
[660] HAStK, Best. 870, Nr. 1557, Bl.2; vgl. Hermanns, Handelskammer (wie Anm. 80), S.418; vgl. auch Amendt, Lage (wie Anm. 105), S.88.
[661] KFP v.5.5.1877.
[662] Mottek/Becker/Schröter, Bd.3 (wie Anm. 276), S.57; vgl. Schröder, Arbeitergeschichte (wie Anm. 9), S.193 f.
[663] KFP v. 5.5.1877.
[664] Wehler, Gesellschaftsgeschichte 1849 (wie Anm. 19), S.778; vgl. für das Rheinland, Ulrich, Industrie (wie Anm. 74), S.169.

hindert werden, die Fabrik zu verlassen und ihre Verpflichtung zur Sonntags-, Nacht- und Überstundenarbeit bei Erfordernis gewährleistet werden.[665]

Arbeiterschaft zwischen Organisation und Repression

1. Soziale Entwicklung

Das Deutsche Reich war 1875 auf 43 Millionen Menschen angewachsen, davon lebten in Preußen 25,7 und in der Rheinprovinz 3,8 Millionen.[666] Gegenüber Preußen mit einer Dichte von 74 Menschen pro Quadratkilometer war die Rheinprovinz mit 141 fast doppelt so stark besiedelt. Dabei lag das Gebiet des Regierungspräsidenten Köln mit 165 Einwohnern/Quadratkilometer an zweiter Stelle hinter Düsseldorf.[667] Mülheim wuchs in der Zeit von 1873 bis 1878 von 15.619 auf 18465 Einwohner an, das war ein Zunahme von 18,2 Prozent.[668] Um einen Vergleich mit Köln und Städten ähnlicher Größe in Preußen anzustellen, wird der Zeitraum von 1871 bis 1880 gewählt.[669] In diesem stieg die Einwohnerzahl in Preußen um 10,9,[670] in Köln um 12[671] in Mülheim aber um 50,3 Prozent.[672] Dabei war die Entwicklung in Köln und Mülheim atypisch für Städte ihrer Größenordnung. In diesen zehn Jahren begann die Hauptphase der Urbanisierung, die bis zum Ausbruch des ersten Weltkriegs reichte.[673] Die Großstädte (Städte mit über 100.000 Einwohnern) wuchsen überproportional um 60,1 Prozent an, während die Kleinstädte (5.000-20.000 Einwohner) nur um 24,6 Prozent zunahmen.[674] Dieses atypische Verhalten lag daran, daß in Mülheim erst mit den 60er Jahren die industrielle Revolution begann und auf der anderen Seite Köln durch die mittelalterliche Stadtmauer und die Rayonbestimmungen an der Ausdehnung gehindert wurde. Trotz

---

[665]Zitiert nach Kuczynski, Geschichte 3 (wie Anm. 614), S.316.

[666]Zahlen nach Matzerath, Horst; Urbanisierung in Preußen 1815-1914, Stuttgart 1985, S.396 f.; vgl. Kocka, Arbeitsverhältnisse (wie Anm. 17), S.37 und S.41.

[667]Ebd., S.397.

[668]Reiberg, 2 (wie Anm. 329), S.80.

[669]Dieser Zeitraum mußte gewählt werden, weil für den Betrachtungszeitraum von 1873-1878 für Köln und die preußischen Städte keine Vergleichszahlen vorlagen.

[670]Matzerath, Urbansierung (wie Anm. 666), S.388.

[671]Wieger, Hermann (Hg.); Handbuch von Köln, Köln 1925, S.270.

[672]HAStK, Best. 870, Nr.262, S.75 und Reiberg, 2 (wie Anm. 329), S.80.

[673]Matzerath, Urbanisierung (wie Anm. 666), S.241.

[674]Ebd., S.391; Köln und Mülheim fielen jeweils in diese Kategorien.

dieser immensen Zunahme der Städte insgesamt wohnten 1880 immer noch rund 70 Prozent der preußischen Bevölkerung in Gemeinden mit weniger als 5.000 Einwohnern.[675] In den Kleinstädten lebten zum gleichen Zeitpunkt 13,4 und in Großstädten erst 7,5 Prozent der Bevölkerung.[676]
Der Bevölkerungszuwachs machte sich in Mülheim in einer zunehmenden Wohnraumenge bemerkbar. So stieg die Belegung pro Wohnhaus von 11,9 Einwohnern (1871) auf 12, 6 (1880) an.[677]Im letzten Viertel des Jahrhunderts waren die Häuser oft „..bis unter das Dach hinauf von Familien aus dem Arbeiterstand bewohnt", so eine zeitgenössische Schilderung.[678]Sogar die Unternehmer mußten zugeben, daß die Wohnverhältnisse der Arbeiter nicht gut waren, wie folgender Bericht der Unternehmerzeitung „Concordia" von 1875 zeigt: „Für die Fabrikarbeiter, welche beinahe den ganzen Tag in den geschlossenen Etablissements bei nicht guter Luft und meist ungesunder Beschäftigung zubringen, ist es von äußerster Wichtigkeit, während der übrigen Zeit und resp. im Schlaf eine gesunde Wohnung zu besitzen,...Leider ist aber noch ein namhafter Teil unserer Arbeiterbevölkerung noch weit entfernt von dieser Einsicht, und daher muß vielfach behufs Verbesserung der Wohnungen die Initiative von den Fabrikherren... ausgehen. Es gibt im Rheinland noch immer zahlreiche Arbeiterfamilien, welche sich kein Vergnügen versagen mögen...aber sehr schlecht, vielfach sogar in den elendsten und ungesundesten, kaum menschlichen Wohnungen ähnlichen Räumen wohnen."[679]Um die qualifizierten Facharbeiter und Handwerker trotz der schlechten Wohnraumsituation anzulocken oder in den Betrieben zu halten, begann in Mülheim um 1875 der Werkswohnungsbau. 1874 waren zu Produktionsbeginn bei F & G auch schon die ersten Einfamilienhäuser für Meister errichtet, später folgten Mehrfamilienhäuser für die Fach-

---

[675]Ritter/Tenfelde, Arbeiter (wie Anm. 7); vgl. Matzerath, Urbanisierung (wie Anm. 666), S.388 und S.391.
[676]Matzerath, Urbanisierung (wie Anm. 666), S.391.
[677]HAStK, Best. 870, Nr.262, S.75 u. 88; vgl. Reiberg, 2 (wie Anm. 329), S.80 u. 87.
[678]Zitiert nach Paul, Johann; Abwasserbeseitigung und Trinkwasserversorgung in Mülheim am Rhein zur Zeit der Hochindustrialisierung, in: Rechtsrheinisches Köln, 16, Köln 1990, S. 39.
[679]Aus „Concordia", Jg.5, Berlin 1875, NR. 4; S.14, zitiert nach Kuczynski, Geschichte 2 (wie Anm. 307), S.169 f.

arbeiter.[680] Ein Jahr später folgte van der Zypen und Charlier mit dem Werkswohnungsbau, Ende des Jahrhunderts die Seidenfabrik Andreae.[681]Die betrieblichen Sozialeinrichtungen waren vielfältig, so zählten Betriebskassen und Werksküchen auch dazu. Die Motive für diese Unternehmenspolitik waren vielfältig; es mag wohl auch einzelne Unternehmer gegeben haben, die aus religiösem oder philanthropischem Antrieb handelten. Aber im wesentlichen waren es reine geschäftliche Gründe, die zur Einführung der Sozialeinrichtungen führten:

1. Aquirierung und Binden eines qualifizierten Arbeiters auf Dauer,
2. Stärkung der leistungssteigernden Loyalität zum Unternehmen,
3. Zusätzliche Rechtfertigung des Unternehmerherrschaftsanspruchs im Betrieb,
4. Erziehung des Facharbeiters zu bürgerlichen Verhaltensweisen,
5. Schutz- und Gegenmittel gegenüber der stetig wachsenden Macht von Sozialdemokraten und Gewerkschaften.[682]

Mit diesen Mitteln waren jedoch die Arbeiter von diesen beiden Organisationen nicht fernzuhalten, wie die Zunahme der sozialdemokratischen Stimmen bei den Reichstagswahlen und die Gründung von immer mehr Gewerkschaften - auch in Mülheim - zeigten.[683]

Auch blieben die Streiks - jedenfalls im Jahr 1873 mit 289 in Deutschland - weiterhin zahlreich. Von diesem Jahr an antworteten die Unternehmer mit dem Kampfmittel der Aussperrung als ständiger Teil der Unternehmensstrategie.[684] Der Staat griff nun auch in das Geschehen ein. Durch preußischen Erlaß vom Frühjahr 1874 wurde nun jede kampfbetonte Streikaufforderung unter Strafe gestellt.[685]

Die Streiks gingen zwar auf jährlich 41 (1878) zurück, das hatte aber eher seinen Grund in der Wirtschaftskrise und der zunehmenden Arbeitslosigkeit.[686]

---

[680]Zieger, Wohlfahrtspflege (wie Anm. 50), S.43 u.72; vgl. Hermanns, Handelskammer (wie Anm. 80), S.155.

[681]Thimme, Geschichte (wie Anm. 76), S.63; vgl. Trapp, Untersuchungen (wie Anm. 44), S.122.

[682]Zitiert nach Kocka, Arbeitsverhältnisse (wie Anm. 17), S.430.

[683]Siehe nächstes Kapitel.

[684]Wehler, Gesellschaftsgeschichte 1849 (wie Anm. 19), S.164.

[685]Ebd., S.791; schon ein Jahr vorher hatte Bismarck die „Kontraktbruch-Novelle" im Reichstag eingebracht, dafür aber keine Mehrheit erhalten, ebd.

[686]Machtan, Streiks (wie Anm. 559), S.487.

Die Bestrebungen, gegen die sozialdemokratische/sozialistische Arbeiterbewegung vorzugehen, verstärkten sich. Im Juli 1877 gründete der freikonservative Reichstagsabgeordnete Stumm das „Komitee der Arbeitgeber zur Bekämpfung der Sozialdemokratie“.[687] Dieses „Sozialistengesetz der Saarindustrie“[688] fand auch in der Rheinpfalz und im Rheinland Nachahmer.[689] Bismarck, seit 1862 preußischer Ministerpräsident und ab 1871 deutscher Reichskanzler, hatte sich nach anfänglichen Kontakten mit der Arbeiterbewegung[690] neben dem politischen Katholizismus (Zentrum) die Sozialdemokratie als innenpolitischen Hauptgegner ausgesucht.[691] Seine Strategie gegen die verhaßten Sozialdemokraten war zum einen das Sozialistengesetz und zum anderen die Sozialgesetzgebung.[692] Aufbauend auf der Initiative Stumms wartete Bismarck nur auf einen Anlaß. Im Sommer 1878 gab es zwei Attentate kurz hintereinander auf Kaiser Wilhelm I.[693] Bismarck bezichtigte die Sozialdemokraten der geistigen Mittäterschaft und nahm diese Anschläge zum Vorwand, um - so seine Worte - gegen die „Räuberbande mit der wir gemeinsam unsere Städte bewohnen...“, vorzugehen.[694] Erst nach dem zweiten Attentat und der Reichstagsauflösung hatte er eine Mehrheit für das „Gesetz gegen die gemeingefährlichen Bestrebungen der Sozialdemokratie“ im Reichstag, das am 19. Oktober 1878 mit 221 gegen 149 Stimmen angenommen wurde.[695] Schon vor Beschluß dieses Gesetzes liefen die Verbotsmaßnahmen gegen sozialdemokratische Organisationen, so auch in Mülheim bereits im Juni des Jahres.[696]

[687]Rosenberg, Depression (wie Anm. 19), S.207.
[688]Begriff nach Rosenberg, ebd.
[689]Ebd.
[690]So gab es 1863 und 1864 insgesamt fünf Treffen von Bismarck und Lassalle, s. Gösta v. Uexküll, Lassalle, Reinbek 1974, S.146.
[691]Ritter/Tenfelde, Arbeiter (wie Anm. 7), S.81.
[692]Grebing, Geschichte (wie Anm. 467), S.75; vgl. Ritter/Tenfelde, Arbeiter (wie Anm. 7), S.67; vgl. auch Klönne, Arbeiterbewegung (wie Anm. 54), S.60.
[693]Am 11.5.1878 durch den Klempnergesellen Hödel, s. Mehring, Franz; Geschichte der Deutschen Sozialdemokratie, Bd.4, 4. Auflage, Stuttgart 1909, S.133, und am 2.6.1878 durch Karl Nobilin, ebd., S.138.
[694]Grebing, Geschichte (wie Anm. 467), S.75.
[695]Mehring, Geschichte 4 (wie Anm. 693), S.152.

2. Einheit und organisatorische Vielfalt

Zu Beginn der Krisenzeit ging viel Kraft durch Fraktionskämpfe zwischen den beiden Strömungen der sozialistischen Arbeiterbewegung - den Lassalleanern und den Eisenachern - verloren. Diese Auseinandersetzungen zeigten sich auch im Rheinland.[697]Bei der Reichstagswahl im Januar 1874 stellten sich in mehreren Wahlkreisen Kandidaten beider Richtungen zur Wahl. So zersplitterten sich auch im Stadtkreis Köln die Stimmen zwischen dem Kandidaten der Eisenacher (1.070 Stimmen) und dem der Lassalleaner (167 Stimmen).[698]Obwohl in Mülheim nur ein Kandidat des ADAV aufgestellt wurde, Carl Wilhelm Tölcke, bewirkten die Querelen eine geringe Wahlbeteiligung mit nur sieben Stimmen im gesamten Wahlkreis Mülheim/Wipperfürth/Gummersbach (0,04 %). Gewählt wurde der Zentrumsabgeordnete Hamm.[699] Der bisher immer von einem liberalen Kandidaten errungene Wahlkreis ging nun an das Zentrum; dies blieb so bis zum ersten Weltkrieg.[700]

Die insgesamt im Deutschen Reich gewählten neun Reichstagsabgeordneten der Arbeiterparteien (drei Lassalleaner, sechs Eisenacher) arbeiteten von Beginn an im Reichstag zusammen.[701] Von ihnen ging auch die Initiative aus, die beiden Arbeiterparteien zusammenzuführen. Eine andere Alternative - Zusammenarbeit mit den liberalen Parteien - bot sich weniger an, da die sich immer mehr der Bismarckschen Politik annäherten.[702] Schon Ostermontag 1874 gab es in Köln eine gemeinsame öffentliche Veranstaltung der Lassalleaner und Eisenacher bei der rund 4.000 Personen anwesend waren. Redner waren der Abgeordnete Wilhelm Hasenclever (ADAV), Karl Wilhelm Tölcke aus Iserlohn (ADAV) und der genosse Schumacher (SDAP) aus Ehrenfeld bei Köln.[703] Auf einem Treffen der gemeinsamen Reichstagsfraktion beider sozialistischer Richtungen im Dezember

[696]HAStK, Best. 870, Nr. 279, S.5; siehe auch nächstes Kapitel.
[697]Kellenbenz, Wirtschaftsentwicklung (wie Anm. 117), S.84.
[698]Stadt Cöln, 1, II (wie Anm. 612), S.345.
[699]Specht/Schwabe, Reichstagswahlen (wie Anm. 533), S.176; vgl. Hombach, Reichs- und Landtagswahlen (wie Anm. 551), S.330.
[700]Specht/Schwabe, Reichstagswahlen (wie Anm. 533), S.176.
[701]Mehring, Geschichte, Bd.4 (wie Anm. 693), S.71 f.
[702]Vgl. Klönne, Arbeiterbewegung (wie Anm. 54), S.51 f.
[703] VS v. 26.4.1874.

1874 und Anfang 1875 wurde die Einigung beider Parteien vorbesprochen.[704]
Dies muß wohl Auswirkungen bis nach Mülheim gezeigt haben, denn nach einer fast zweijährigen Ruhezeit ergriff der SDAP-Kontaktmann Peter Bilstein im April 1874 die Initiative und lud zu zwei großen Volksversammlungen ein, die er auch leitete.[705] Sie fanden am 18. und 25. des Monats im Lokal Wolf „Im weißen Pferdchen“ statt, worüber das dem Zentrum nahestehende Blatt „Mülheimer Anzeiger“ kritisch berichtete: „Es sollen bombastische Reden in dem überfüllten Saal gehalten worden sein.“[706]
Vom 22. bis 27. Mai 1875 fand in Gotha der Vereinigungskongreß der beiden Arbeiterparteien statt. 73 Delegierte des ADAV vertraten 15.322 Mitglieder, und 56 Deputierte der SDAP repräsentierten 9.121 Mitglieder.[707] Darunter war auch Johann (Jean) Witzka, der 80 Mitglieder aus dem benachbarten Kalk vertrat; später war er Mülheimer Bevollmächtigter der Metallarbeiter-Gewerksgenossenschaft.[708] Die Delegierten verabschiedeten das Gothaer Programm, in dem sich beide Parteien wiederfanden. Es enthielt die „sozialistischen Produktionsgenossenschaften mit Staatshilfe unter der demokratischen Kontrolle des arbeitenden Volkes“ und die „Zerbrechung des ehernen Lohngesetzes“, beides Essentials der Lassalleaner.[709] Ab nun nannte sich die Partei Sozialistische Arbeiterpartei Deutschlands (SAP).
Im Dezember des gleichen Jahres wurde der Seidenweber Peter Bilstein - wohl nach Neugründung der Mülheimer SAP-Gemeinde - als

---

[704]Mehring, Geschichte, Bd.4 (wie Anm. 693), S.73; vgl. Fricke, Dieter; Handbuch zur Geschichte der deutschen Arbeiterbewegung 1869 bis 1917, Bd. 1, Berlin 1987, S.139 f.
[705]VS v. 7.5.1875; vgl. MA v. 21.4. und 1.5.1875.
[706]MA v. 1.5.1875; über eine blasphemische Äüßerung eines Redners regte sich das ultramontane Blatt besonders auf, daß „es einerlei sei, ob man die heilige Communion in Gestalt einer Hostie oder einer Wurst empfange...Die Entrüstung war so groß, daß (den Redner, F.B.) die Polizei beschützen und er sofort das Weite suchen mußte;“ MA v.21.4.1875.
[707]Mehring, Geschichte, Bd. 4 (wie Anm. 693), S.89; vgl. Fricke, Handbuch (wie Anm. 704), S. 141.
[708]Protokoll des Vereinigungs-Congresses der Sozialdemokraten Deutschlands abgehalten zu Gotha, vom 22. bis 27. Mai 1875, Leipzig 1875, Anhang Nr. 123, o.P.
[709]Programm der Sozialistischen Arbeiterpartei Deutschlands, beschlossen auf dem Vereinigungskongreß in Gotha 1875, abgedruckt in: Dowe/Klotzbach, Dokumente (wie Anm. 500), S.172.

Agent des Vorstandes vor Ort genannt. Hintergrund für die erst jetzt erfolgte Neugründung war, dass die Wirte den Mülheimer Sozialdemokraten bisher kein Lokal zur Verfügung stellten, um ihre regelmäßigen Versammlungen abzuhalten. Dies hatte sich nun geändert, so dass innerhalb kurzer Zeit 60 Arbeiter Mitglied der SAP wurden.[710] Ein Jahr später war er Vereinskassierer der SAP in Mülheim.[711] Im Januar 1877 standen die nächsten turnusmäßigen Reichstagswahlen an. Deshalb initiierte Bilstein im Frühjahr 1876 die Gründung eines Sozialistischen Arbeiterwahlvereins, dem bald 30 Mitglieder beitraten.[712] Aus seiner Mitte wurde ein Komitee bestimmt, das die Organisation der Versammlungen übernahm.[713] Es berief auch die drei großen Volksversammlungen in Mülheim im Juli, Oktober 1876 und Januar 1877 ein. Dabei wurden Themen wie:
- allgemeines, gleiches und direktes Wahlrecht,
- heutige Krisen und die Lage der Arbeiter,
- der Sozialismus,
- die bevorstehende Reichstagswahl

behandelt.[714] Auf der großen Januar-Volksversammlung, die stark besucht war und in „guter Ordnung“ verlief, sprach der Wahlkreiskandidat Ferdinand Weidemann aus Hamburg über die Tätigkeit des Reichstags, außerdem referierte J. Audorf aus Hamburg.[715] Es wurden zwei Flugschriften „An die Wähler des Reichstagswahlkreises Mülheim a. Rhein, Wipperfürth und Gummersbach“ mit der Aufforderung, Weidemann zu wählen, verteilt.[716]

Bei der Reichstagswahl erlangte die SAP mit 13 Sitzen so viel wie nie zuvor. Sie war mit 9,1 Prozent der Stimmen zur viertstärksten Partei aufgerückt.[717] In Rheinland und Westfalen war die Zahl der Stimmen von 28.824 (1874) auf 44.600 gestiegen.[718]Im gesamten Wahlkreis erreichte der sozialistische Kandidat 635 Stimmen, das entsprach 3,6

---

[710]VS v. 15.12.1875.
[711]Vorwärts v.17.12.1876.
[712]HSAD, LAMü, Nr.111, S.61; vgl. VS v. 4.2.1876.
[713]Zu dieser Zeit entstanden auch drei Gewerkschaften in Mülheim, sie werden später behandelt.
[714]MA v. 22.7.1876 und 8.11.1876; vgl. VS v. 9.7.1876.
[715]MA v. 6.1.1877; vgl. KFP v. 6.1.1877; vgl. MZ v. 9.1.1877.
[716]HSAD, LAMü, Nr. 92, S.3.
[717]Mehring, Geschichte, Bd.4 (wie Anm. 693), S.108.
[718]Ebd., S.109.

Prozent der abgegebenen Voten, davon in der Stadt 506 Stimmen, das entsprach einem Anteil von 24,1 Prozent.[719] Dies war eine deutliche Steigerung gegenüber den Wahlen von 1871 und 1874. Von jetzt an führte der sozialistische Wahlverein, dessen Mitglieder sich einmal wöchentlich im Parteilokal Giesen trafen, monatlich öffentliche Versammlungen durch. Seit Beginn des Jahres 1877 wurde in Köln die „Kölner Freie Presse“ in einer Auflage von 1.700 Exemplaren herausgegeben, dieses Wochenblatt wurde im Dezember zum offiziellen Parteiorgan des Mülheimer Vereins erklärt.[720] In Mülheim hatte die Zeitung 200 Abonnenten, dies war neben Köln die höchste Abnahme.[721]

Die Palette der Themen, die in den öffentlichen Versammlungen angeboten wurden, war reichhaltig, so unter anderen:

- Die Organisation der Gewerkschaften[722]
- Rechte und Pflichten der Arbeiter innerhalb des Staates[723]
- Der Socialisten-Kongreß in Gotha[724]
- Die gegenwärtige Lage der Arbeiter[725]
- Das Programm der Socialdemokratie.[726]

Da der Arbeiterschaft das bürgerliche Vereinswesen versperrt blieb, schuf sie sich ihre eigenen Möglichkeiten, auch in der Freizeit zu feiern.[727] So wurde neben den politischen Veranstaltungen auch zu „gemütlichen Abendunterhaltungen“ eingeladen, Karneval zusammen gefeiert und zu Weihnachten ein „Socialistischer Weihnachtsbaum“ durchgeführt.[728] Im folgenden Jahr gab es zeitweise 14-tägig öffentliche Veranstaltungen.[729]Zu Lassalles Geburtstag am 7. April gab es ei-

---

[719]MA v.13.1.1877; vgl. Specht/Schwabe; Reichstags-Wahlen (wie Anm. 533), S.176.
[720]KFP v. 8.12.1877; vgl. RhZ v. 24.6.1913, Beilage.
[721]Ebd.
[722]MZ v. 23.3.1877; vgl. MA v. 24.3.1877; vgl. KFP v. 24.3.1877.
[723]KFP v. 21.4.1877.
[724]MA v. 16.5.1877.
[725]KFP v. 14.7.1877.
[726]KFP v. 13.10.1877.
[727]Wehler, Gesellschaftsgeschichte 1849 (wie Anm. 19), S.789 f.; vgl. Groschopp, Horst; Zwischen Bierabend und Bildungsverein. Zur Kulturarbeit in der deutschen Arbeiterbewegung, 2. Aufl., Berlin 1987, S. 37.
[728]MZ v. 11.2.1877, MA v. 22.12.1877 und KFP v. 29.12.1877.
[729]So im Februar und März 1878, siehe MA v. 10.1.1878, 2.2.1878, 28.2.1878 und 6.4.1878.

ne Lassalle-Feier[730], und im Mai hielten Arbeiterwahlverein und Gewerkschaften ein großes Arbeiterfest mit Konzert, Gesangsvorträgen, Festreden und Ball ab.[731] Sogar die ultramontane Zeitung „Mülheimer Anzeiger" äußerte sich positiv über diese Veranstaltung, „...verlief bis zum Schluß in schönster Weise".[732]
Dies war drei Tage nach dem ersten und wenige Wochen vor dem zweiten Anschlag auf Kaiser Wilhelm I. Das Kölner Landgericht verbot am 6. Juni den Sozialistischen Arbeiterwahlverein.[733] Nachdem der Verein dagegen Klage eingereicht hatte, wurde er am 11. Juni per „Einstweiliger Schließung" gemäß § 16 des Vereinsgesetzes vorläufig aufgelöst.[734] Im damaligen Vereinsvorstand waren die beiden Zimmerleute Johann Fischer und Heinrich Euler und der Seidenweber Peter Bilstein.[735] Die nächsthöhere Instanz hob das Verbot zwar per Straftatskammerbeschluß am 2. August wieder auf, aber der Verein löste sich wegen des sich abzeichnenden Sozialistengesetzes am 17. September selbst auf, um einem Verbot zuvorzukommen.[736]
Unter diesen erschwerten Rahmenbedingungen mußte der Reichstagswahlkampf geführt werden, da Bismarck nach dem zweiten Attentat den Reichstag zum 11. Juni auflöste und Neuwahlen zum 30. Juli 1878 festsetzte. Für die SAP war ein Wahlkampf schwer möglich, da Hausdurchsuchungen und Beschlagnahmungen bei dem Verein und den Gewerkschaften stattfanden.[737] Bis zur Wahl konnte die Sozialdemokratie keine Veranstaltungen durchführen, nur am Tage der Wahl verteilte sie durch ihre Vertrauensmänner vor den Wahllokalen Stimmzettel ihres Kandidaten Weidemann.[738]
Trotz dieser erschwerten Bedingungen errang die SAP reichsweit 437.000 Stimmen (7,5 Prozent). Sie erreichte neun Reichstagsmandate, genau so viel wie 1874.[739] Im Wahlkreis Mülheim-Wipperfürth-Gummersbach bekam der sozialdemokratische Kandidat Ferdinand

---

[730]Ma v. 6.4.1878.
[731]MA v. 11.5.1878; vgl. MZ v. 4.5.1878.
[732]MA v. 14.5.1878.
[733]HSAD, LAMü, Nr.111, F.66.
[734]HAStK, Best. 870, Nr.279, S.5.
[735]HAStK, Best. 870, Nr.563, S.98.
[736]HSAD, LAMü, Nr. 111, F.112.
[737]HSAD, LAMü, Nr.111. F.44.
[738]HSAD, LAMü, Nr. 111, F.65.
[739]Mehring, Geschichte, Bd.4 (wie Anm. 693), S.146.

Weidemann 402 Stimmen, das entsprach zwei Prozent der abgegebenen Stimmen, davon entfielen auf die Stadt Mülheim 363 Stimmen, das waren 14,4 Prozent. Gewählt wurde wiederum der Zentrumsabgeordnete Hamm.[740]
Die stärksten Arbeiterorganisationen in Mülheim waren die dort seit 1875/76 bestehenden drei Gewerkschaften, die Metallgewerksgenossenschaft, der Bund der Tischler und verwandter Berufsgenossen sowie die Gewerkschaft der Schuhmacher und verwandter Berufe.
Bei der Metallgewerksgenossenschaft in Mülheim spielte der Schlosser Johann Witzka eine führende Rolle. Er war schon im Streikkomitee des Ende Oktober/Anfang November 1871 in der Central-Werkstatt der Rheinischen Eisenbahnen in Nippes durchgeführten Ausstandes.[741] Witzka trat des öfteren als Agitator auf, so bei einer sozialdemokratischen Versammlung in Mülheim im April 1875 und im Juli 1876 in Kalk.[742]Außerdem war er Delegierter auf dem Vereinigungsparteitag in Gotha.[743] Ende 1876/Anfang 1877 wurde in Mülheim die örtliche Organisation der Metallarbeiter-Gewerks-genossenschaft gegründet, ihr erster Bevollmächtigter war wohl Witzka.[744] In der Kölner Freien Presse sind ab Juli 1877 die wöchentlichen Treffen der Metallgewerkschaft Sonntagmorgens 10 Uhr in der Gastwirtschaft Gau annonciert.[745] Die regelmäßigen monatlichen Versammlungen begannen im Herbst und Winter 1877. Dabei gab es unter anderem Referate zu folgenden Themen:
- Zweck und Nutzen der Gewerkschaften[746]
- Abschaffung der Zuchthausarbeiten[747]
- Warum müssen sich Metallarbeiter organisieren?[748]

Auf dem Allgemeinen Gewerkschaftskongreß in Gotha im Februar 1878 war Mülheim durch J. Witzka als Delegierten vertreten.[749] Reichsweit hatte die Metallarbeiter Gewerksgenossenschaft zur Jah-

[740]MA v. 3.8.1878; vgl. Specht/Schwabe, Reichstags-Wahlen (wie Anm. 533), S.176.
[741]HSAD, Reg. Köln, Nr.7697, S.130.
[742]MA v. 21.4.1875 und 29.7.1876.
[743]Siehe Anm. 694.
[744]RhZ v.30.4.1931, Sondernummer; vgl. HAStK, Best. 870, Nr.563, S.98 und 105.
[745]Ab 28.7.1877 regelmäßig in der KFP.
[746]KFP v. 28.7.1877.
[747]MA v. 25.8.1877.
[748]KFP v. 3.11.1877.
[749]HSAD, LAMü Nr. 111, S.60.

resmitte 1878 rund 4.500 Mitglieder in ca. 100 Orten, der Organisationsgrad lag bei 1,1 Prozent.[750] In Mülheim hatte die Organisation rund 100 Mitglieder, das war bei ca. 1.000 Metallarbeitern ein Organisationsgrad von 10 Prozent, deutlich über dem Reichsdurchschnitt.[751]
Bei den Neuwahlen des Vorstandes am 2. Juni 1878 wurden Heinrich Christians als Bevollmächtigter und Franz Stöcker als Kassierer gewählt. Noch in der Woche - inzwischen war das zweite Attentat auf den Kaiser geschehen - traten die beiden aus der Gewerkschaft aus und übergaben die Mitgliedsunterlagen dem Polizeikommissar von Mülheim.[752] Der ehemalige Bevollmächtigte Witzka versuchte, die Unterlagen zurückzubekommen. Dies wurde ihm u.a. deshalb verweigert, weil er „ein professionsmäßiger Agitator der Sozialdemokratie ist".[753]
Im Mai 1875 gab es erste Bestrebungen in Mülheim, eine Gewerkschaft der Holzarbeiter zu gründen, die auch bald erfolgreich waren, denn im August wurde auf der Generalversammlung ein neuer Vorstand gewählt. H. Euler wurde 1. Vorsitzender, H. Klein sein Stellvertreter, Mödder Schriftführer und Krick Kassierer. Der Verein hatte zu dem Zeitpunkt 33 Mitglieder.[754] Im Oktober fand eine öffentliche Versammlung über den Zweck und Nutzen einer gewerkschaftlichen Organisation statt.[755] Ab April 1877 sind regelmäßige Treffen der Tischler jeden Sonntagmorgen 10 Uhr im Gasthaus Giesen dokumentiert.[756] Die Mülheimer Gewerkschaft war Mitglied im Bund der Tischler und verwandter Berufsgenossen mit Sitz in Hamburg, der reichsweit Mitte 1878 5.500 Mitglieder in 96 Orten hatte.[757] Der Or-

---

750 HSAD, Reg. Köln, BR 1040, Nr.134, S.77 f.; vgl. Eisenberg, Gewerkschaften (wie Anm. 56), S.268 ff.; in der Abrechnung der Mülheimer Organisation an die Zentralkasse vom April 1878 werden 96 Mitglieder angegeben, so die Aufstellung in der Zeitschrift „Das Panier. Organ der deutschen Metallarbeiter", Nr.24 v. 13.6.1878, abgedruckt in: Lutz W. Ewald: „Mir komme von unne ruff und schaffe's uns selber". Zur Geschichte der Gewerkschaftsbewegung in Darmstadt von ihren Anfängen bis zur Gegenwart 1835-1985, Darmstadt 1986, S.18.
751 HSAD, LAMü, Nr.111, S.52 ff.
752 HAStK, Best. 870, Nr.563, S.105.
753 Ebd.
754 VS v. 1.9.1875.
755 MA v. 15.5. und 31.7.1875.
756 Ab 21.4.1877 regelmäßig in der KFP.
757 HSAD, Reg. Köln, BR 1040, Nr.134, S.77 f.; vgl. Eisenberg, Gewerkschaften (wie Anm. 56), S.268 ff.

ganisationsgrad lag bei 4,3 Prozent.[758] In Mülheim hatte die Gruppe rund 30 Mitglieder.[759]Dort gab es seit Beginn der 70er Jahre eine kleine Möbelfabrik (Kleinertz) sowie Tischlerhandwerksbetriebe und Baubetriebe mit Holzarbeitern.

Das erste öffentliche Auftreten der Schuhmacher war am 30. April 1877, als alle Schuhmacher und Lederarbeiter zu einer von einem Schuhmacher einberufenen Besprechung in das Lokal Giesen eingeladen wurden.[760] Ab Februar 1878 erschien in der Kölner Freien Presse regelmäßig die Ankündigung, daß sich die Schuhmacher jeden Montagabend bei Peter Engels, Freiheitsstraße 5 trafen.[761] Die Organisation hatte Mitte des Jahres 1878 24 Mitglieder.[762] Im Vorstand waren die Schuhmacher Paul Sahler, Friedrich Rosenow und Gustav Ney.[763] Sitz der Zentralorganisation war Stuttgart; sie hatte reichsweit rund 4.000 Mitglieder in 94 Ortschaften.[764] Der Organisationsgrad lag bei 2,4 Prozent.[765]

Die drei Gewerkschaften und der Sozialistische Arbeiterwahlverein hatten zusammen 180-190 Mitglieder.[766] Alle vier Organisationen führten laut Bericht des Bürgermeisters 1876 23 Veranstaltungen, 1877 28 öffentliche Versammlungen und 1878 15 Versammlungen durch.[767] „Die Theilnahme war stets gering, durchschnittlich waren 50 Personen vorhanden, Frauen und Kinder wurden nicht zugelassen.“[768] Hauptagitatoren waren Johann Witzka, 36 Jahre, Schlosser und Heinrich Gottlieb August Werner, 33 Jahre, Schlosser, „aus hiesiger Fabrik wegen sozialdemokratischer Tätigkeit entlassen“.[769]

---

[758]Eisenberg, S.269.

[759]HAStK, Best. 870, Nr.563, S.87; die Aussage des Bürgermeisters, daß der Bund der Tischler in Mülheim noch nie aufgetreten sei, wird durch die vielen Ankündigungen in KFP, VS und MA vom 1.5.1875, 15.5.1875, 31.7.1875, 7.4.1877, 27.10.1877 und 25.6.1878 widerlegt.

[760]MA 28.4.1877.

[761]Ebd., ab jetzt regelmäßige Ankündigungen bis Anfang Juni 1878.

[762]HAStK, Best. 870, Nr. 563, S.86.

[763]Ebd., S.98.

[764]HSAD, Reg. Köln, BR 1040, Nr.134, S.77 f.; vgl. Eisenberg, Gewerkschaften (wie Anm. 56), S.268 ff.

[765]Eisenberg, S.269.

[766]Dies entspricht fast der Abonnentenzahl der Kölner Freien Presse, siehe Anm. 721.

[767]HAStK, Best. 870, Nr. 563, S.98.

[768]So der Bericht des Bürgermeisters v.5.7.1878 an den Landrat, Ebd.

[769]Ebd.

Bei allen Vereinsvorsitzenden wurden nach dem zweiten Attentat Hausdurchsuchungen durchgeführt.[770] Beim Landgericht Köln wurden Anträge gestellt, die Gewerkschaft der Schuhmacher und den Arbeiterwahlverein aufzulösen. Die Metall-Gewerksgenossenschaft und die Organisation der Tischler bestanden nicht mehr.[771]
Schon am 28. Juni hatten sich auf Einladung der Handelskammer an alle Mülheimer Arbeitgeber die Unternehmer getroffen und einen „Verein zur Unterdrückung sozialdemokratischer Umtriebe" gegründet.[772] Die arbeitenden Klassen sollen „vor dem Gifthauch des Sozialismus" bewahrt werden.[773] Laut beschlossener Satzung verpflichteten sich die Unternehmer, alle Arbeiter welche in „agitatorischer Weise" an sozialdemokratischen Versammlungen teilnahmen, sofort zu entlassen. „Die übrigen sind als Verführte zu betrachten, zuerst (solle) durch Warnung und Belehrung versucht werden, dieselben zum Verlassen der Partei zu veranlassen."[774] Falls sich die Arbeiter jedoch davon nicht abbringen ließen und weiter zu Versammlungen gingen und in Kassen einzahlten, sollten dieselben entlassen werden, so der gemeinsame Beschluß der Mülheimer Unternehmer.[775] Aufgrund der polizeilichen Meldungen, die die Unternehmer bekamen, entließen diese die „Haupträdelsführer" der sozialistischen Organisationen.[776]
Als das „Gesetz gegen die gemeingefährlichen Bestrebungen der Sozialdemokratie" am 19. Oktober 1878 endgültig vom Reichstag beschlossen wurde, hatten sich alle vier Vereine aufgelöst oder waren verboten.
Die „Freien Hilfskassen" übernahmen nun als getarnte Organisationen die Koordination der früheren Gewerkschaften und sozialistischen Vereine. So sind für Mülheim zwei dieser Kassen 1880 dokumentiert, die Zahlstelle der Metallarbeiter-Gewerks-Genossenschaft (Hauptsitz in Stuttgart) mit 20 Mitgliedern und die Sterbekasse für Tischler und verwandte Berufsgenossen (Hauptsitz Hamburg) mit 15 Mitgliedern.[777] Bei beiden nahm der Mülheimer Bürgermeister an, daß sie so-

[770]Ebd., S.86 f.
[771]So der Bericht des Bürgermeisters v. 5.7.1878, ebd.
[772]HAStK, Best. 870, Nr.363, S.87; vgl. MA v. 27.6.1878 und 2.7.1878.
[773]HSAD, LAMü, Nr.111, S.44.
[774]MA v. 2.7.1878.
[775]Ebd.
[776]HAStK, Best. 870, Nr.363, S.87.
[777]HSAD, LAMü Nr. 111, S.183.

zialdemokratische Tarnorganisationen seien.[778] Die Bestrebung, mit Hilfe des Sozialistengesetzes die sozialdemokratische Arbeiterbewegung zu zerschlagen, erwies sich als Fehlschlag. In der Zeit von 1873 bis 1878 hatte sich die sozialdemokratische Arbeiterbewegung so konsolidiert, daß sie auf den geschaffenen Strukturen ihre geheimen Organisationen aufbauen konnte und im Untergrund bis zum Ende des Sozialistengesetzes überlebte.

---

[778]Ebd.

Verhältnis Industriearbeit und Arbeiterbewegung

Die Revolutionszeit 1848/49

In den Jahren 1848/49 waren in Mülheim rund zwei Drittel aller Beschäftigten im sekundären Sektor beschäftigt,[779] die Hälfte davon arbeitete in Seiden- und Tabakfabriken.[780] Die Seidenweberei wurde in den vier Fabriken in Heimarbeit auf fabrikeigenen Webstühlen betrieben; in den zentralen Werkhallen arbeiteten zumeist Frauen in der Färberei, Winderei und Appretur. Insgesamt waren dort 500 Arbeiter und Arbeiterinnen beschäftigt. Etwa 210 Arbeiter und Arbeiterinnen stellten in 14 Manufakturen Tabak her.[781]

Die Seidenweber waren in Mülheim führend in den revolutionären Bestrebungen. So gab es Anfang April 1848 eine erfolgreiche Lohnerhebung der Seidenweber von Andreae.[782]

Die Führungspersonen aus der Arbeiterschaft waren in der Revolutionszeit fast nur Seidenweber, wobei sich dies auf wenige Personen konzentrierte. Franz Wilhelm Bengel, der Präsident des Mülheimer Arbeitervereins, gehörte zu den fünf Arbeitern unter den 24 Wahlmännern für die indirekte Wahl des preußischen Abgeordnetenhauses 1848. Als Präsident war er automatisch Mitglied im Kreis-Mülheimer Demokratenverein.[783] Er beteiligte sich auch am Anschlag auf die Eisenbahngleise bei Küppersteg im Mai 1849 und als Mitkämpfer beim Elberfelder Aufstand. Bei den letzten beiden Aktionen unterstützten ihn die Seidenweber Gustav Kemmerling mit seinem Bruder und Johann Biesenbach.[784]

Neben den Seidenwebern F.W. Bengel und G. Kemmerling waren im Vorstand des Arbeitervereins Lehrer der verschiedenen Schulformen und Kaufleute, Vertreter des eher bürgerlichen Lagers. Sie wechselten Anfang der 60er Jahre fast ausnahmslos ins liberale Lager über.

Als Radikaldemokraten können in Mülheim die Seidenweber Bengel

---

[779] Auf den primären Sektor entfielen rund 5 %, auf den tertiären Sektor ca. 30%, nach Reiberg 1 (wie Anm. 66), S.108 ff.

[780] Ebd.

[781] Bilz, Arbeit (wie Anm. 95), S.40.

[782] HSAD, Reg. Köln, Nr.61, S.85.

[783] KBMS v.24.9.1848.

[784] WZ v. 6.1.1850; s. auch HSAD, Reg. Köln, Nr.61, S.15.

und G. Kemmerling und der ehemalige Lehrer Anton Gladbach - 1848 gewählter demokratischer Abgeordneter des Landkreises Mülheim für das preußische Abgeordnetenhaus - bezeichnet werden.[785]
Es ist davon auszugehen, daß bei den in der Spitze 500 Mitgliedern des Arbeitervereins viele Seidenweber aber auch Tagelöhner waren, letztere gehörten auch zu den Arbeitern, die die Eisenbahnschienen bei Küppersteg zerstörten.
Der Mülheimer Arbeiterverein blieb eigenständig, im Gegensatz zum Arbeiterverein des Nachbarortes Deutz, der sich als Filialverein dem Kölner Arbeiterverein anschloß.[786]
Im Gegensatz zu der Kölner Gründung des Arbeitervereins, die auf inhaltlichen Vorarbeiten einer kleinen Gruppe aufbauen konnte, entstanden die Mülheimer Aktionen spontan und bekamen dann ihre Eigendynamik. Die in Mülheim stärkste Arbeitergruppe - die Seidenweber - war dabei führend beteiligt.
Die Versammlungsfreiheit gab ihnen zum ersten Mal die Möglichkeit, sich ohne Repressionen zu treffen und ihre sozialen Belange zu diskutieren. Trotz Vereinzelung durch die Arbeit an Heimwebstühlen schafften sie es so, kollektives Handeln zu organisieren. Ermutigt durch die Berichte über die revolutionären Ereignisse in Köln, Berlin und den rheinischen Städten wagten sie die Lohnerhebung im April 1848. Der positive Abschluß - eine für die Mülheimer Seidenweber neue Erfahrung - war Motivation, sich in einem Arbeiterverein zu organisieren und nun auch politische Forderungen zu diskutieren. Die sozialen wurden zu politischen Fragen ausgeweitet. Ein erstes Einüben von Solidarität schuf - über die Revolutionszeit hinaus - die Basis für zukünftige gemeinsame Vorgehensweisen.
Neben den Seidenwebern organisierten sich die Arbeiter einer weiteren Branche. Die Mülheimer Tabakarbeiter gründeten eine Zahlstelle oder eine kleine Gemeinde der Zigarrenarbeiter-Assoziation, zeitweise (1850 und 1851) wurden Beiträge an die zentrale Witwen- und Sterbekasse abgeführt.[787] Die Arbeitssituation in der Tabakmanufaktur - gemeinsames Arbeiten und die Möglichkeit zur Diskussion - erleichterte die Organisation. Dies ist ein Beispiel für frühgewerkschaftliche Aktivität, wie sie außer bei den Zigarrenarbeitern nur bei den Buch-

---

[785] Vgl. Gernert, Lokal- und Regionalgeschichte (wie Anm. 23), S.205.
[786] Vgl. Gernert, Lokal- und Regionalgeschichte (wie Anm. 23), S.206.
[787] S. Anm. 258.

druckern zu finden war. Ein öffentliches Auftreten dieser Gruppe in Mülheim ist jedoch nicht nachweisbar. In Mülheim gab es somit in der Revolutionszeit zum einen die Organisation eines mit politischen Forderungen auftretenden Arbeitervereins und zum anderen eine branchenspezifische frühgewerkschaftliche Organisationsform.

In der industriellen Revolution 1850 - 1873

In dieser Zeit blieb die Textilindustrie mit ihrem Hauptzweig Seidenweberei weiter bestimmend; ihre Arbeiterzahl stieg kontinuierlich an. Den stärksten Zuwachs hatten in Mülheim jedoch die Metallbetriebe und die chemische Industrie. Deren Ansiedlung setzte verstärkt erst Ende der 50er Anfang der 60er Jahre ein. Erst jetzt kann von einer Industrialisierung gesprochen werden mit den charakteristischen Merkmalen: Einsatz neuer Antriebssysteme (z.B. Dampfmaschinen mit Transmissionssystemen zum Betrieb von Maschinenwebstühlen), Ansiedlung der Maschinenindustrie und Einführung moderner chemischer Fertigungsprozesse in Mülheim (Kammerverfahren in der Bleifarbenindustrie). Nun wanderten immer mehr handwerklich ausgebildete Arbeiter in die schnell wachsenden Industriebetriebe. Trotz wirtschaftlicher Krisen waren sie gesuchte Arbeitskräfte.
Schon Ende 1863 gab es erste politische Aktivitäten der Mülheimer Arbeiterschaft. Kölner ADAV-Funktionäre führten die ersten Versammlungen in Mülheim durch, die dann zur Gründung der ADAV-Gemeinde im Frühjahr 1864 führten. Erster Bevollmächtigter wurde der Schmied Wilhelm Scheider. Er gehörte genau jener Berufsgruppe an, die, im Handwerk ausgebildet, zu den zukunftsträchtigen Industriefacharbeitern der aufstrebenden Maschinenfabriken zählte. Im Zuge der Auseinandersetzungen im ADAV trat die Mülheimer Gemeinde zum LADAV über. Eine der bestimmenden Persönlichkeiten in Mülheim bis 1878 war nun der Seidenweber Peter Bilstein, er war einer der Kontinuitätsträger aus einer Berufsgruppe, die von 1848 bis zum Sozialistengesetz politisch aktiv war. Folgerichtig stellten die Textilarbeiter auch den größten Anteil an der Mitgliedschaft des LADAV 1868 mit fast 40 Prozent.[788] An zweiter Stelle lagen die Tagelöhner, an dritter die Tabakarbeiter und erst an vierter Position die

[788] S. die Mitgliedsliste vom Mai 1868, SAPMO 20, Bl.91-94.

Fabrikarbeiter.[789] Diese Dominanz zeigt sich auch bei den ersten gewählten Gemeindebeamten vom Dezember 1867, wo von den fünf Arbeitern drei Textilarbeiter und je ein Tagelöhner und Heizer vertreten waren. Der Tagelöhner war der ehemalige Seidenweber Johann Biesenbach, einer der Hauptangeklagten beim Anschlag auf die Eisenbahnschienen 1849.[790] Der Beruf des Heizers weist darauf hin, daß damit auch ein Fabrikarbeiter vertreten war, der entweder in einem Hüttenbetrieb oder an einer Dampfmaschine arbeitete.

Den einzigen Streik, der in der Zeit der industriellen Revolution 1871 in Mülheim stattfand, führten die Textilarbeiter erfolgreich durch. Er brach in den Abteilungen der Maschinenstühle aus; hier hatte die Fabrik als zentrale Einrichtung die Möglichkeit zur Herausbildung von Solidarität und gemeinsamer Vorgehensweise geboten.[791] Dies zeigt, daß dieser Teil der Arbeiterschaft der kämpferischste und politisch bewußtere war.

Ähnlich wie in den Jahren nach der Revolutionszeit 1850/51 organisierten sich in den 6oer Jahren die Mülheimer Tabakarbeiter. Von 1866 bis 1870 sind sporadische Aktivitäten und Einzahlungen an die Zentrale in Frankfurt nachgewiesen. Dabei konnten die im ADCAV Aktiven auf alten Kontakten der Zigarrenarbeiter-Assoziation aufbauen.[792]

Ein Indiz dafür, daß diese politischen Aktivitäten auch ihren Rückhalt in der Bevölkerung fanden, sind die Wahlergebnisse sozialdemokratischer Reichstagskandidaten. In den beiden Wahlen 1867 zum Norddeutschen Reichstag errangen die ADAV-Kandidaten rund zehn Prozent der Stimmen im Wahlkreis.[793]Weit über die Hälfte der Stimmen kamen dabei aus der Stadt Mülheim, die aber gerade einmal 15 Prozent der Einwohner im Wahlkreis stellte.[794] Das bedeutet, daß der Stimmenanteil der Sozialdemokraten in der Stadt bedeutend höher lag.

789Ebd.

790WZ. v. 6.1.1850.

791Schröder, Arbeitergeschichte (wie Anm. 9), S.48 nennt die Fabrik eine „Musterschule der Solidarität", ohne die eine Organisation auch eines Arbeitskampfes schwerer möglich wäre.

792Vgl. Buschak, Menschen (wie Anm. 459), S.48, der auch eine programmatische Kontinuität nachweist.

7938,4 % im Februar und 9,1 % bei den Augustwahlen 1867.

794Rund 10.000 von ca. 75.000 Einwohnern, s. Reiberg, 2 (wie Anm. 329), S.80 und RhZ v. 5.1.1910.

In der gesamten Zeit war die Arbeiterbewegung in Mülheim auf sich allein gestellt, sie wollte keine Bündnisse mit bürgerlichen Parteien eingehen, insoweit wurde die von der ADAV-Zentrale vorgegebene Politik auch vor Ort nachvollzogen.
Kontinuitätslinien lassen sich zu der 1848er Bewegung personell und in den Trägerschichten herstellen. So war Peter Gerhard Röser - ein Kölner Spitzenfunktionär der Revolutionszeit - maßgebend am Aufbau des ADAV in und um Mülheim beteiligt. Johann Biesenbach - Angeklagter im Prozeß um die Zerstörung der Eisenbahnschienen 1849 - und damals als Mitstreiter im AV benannt, war LADAV-Gemeindebeamter bei der Mülheimer Gemeinde 1867. Beide waren jeweils Repräsentanten der in den 60er und 70er Jahren aktiv an Aktionen bzw. Organisationen der Arbeiterbewegung beteiligten Gruppierungen, den Textil- und den Zigarrenarbeitern. Diese stellten in der Mitgliedschaft der Mülheimer LADAV-Gemeinde 1868 fast 50 Prozent der Mitglieder (39,4 und 8,5 %). Daß sich bei den Berufsangaben auch fünf von 71 zu ihrer Tätigkeit als „Fabrikarbeiter" bekennen, zeugt von deren steigendem Selbstbewußtsein. Ein Vergleich mit den anderen bekannten LADAV-Mitgliederlisten Deutschlands zeigt, daß die Zusammensetzung trotz regionaler Unterschiede ähnlich ist. Dies ist insbesondere im Bereich der Textilarbeiter und der Fabrikarbeiter nachzuweisen.[795]
Für Mülheim bleibt festzuhalten: Träger der Arbeiterbewegung waren in der Zeit der industriellen Revolution hauptsächlich die Textilarbeiter und die Tabakarbeiter; der Teil der Textilarbeiter, der an den Maschinenwebstühlen arbeitete, war zunehmend proletarisiert worden. Die Fabrikarbeiter bzw. die handwerklich ausgebildeten Arbeiter, die in der Maschinen- und chemischen Industrie arbeiteten, waren noch in der Minderheit, aber schon in Führungsgremien vertreten. Gewerkschaftliche Strukturen bildeten sich zeitweise nur im Bereich der Tabakarbeiter, ansonsten wurden Organisationen mit allgemeinpoliti-

---

[795]Dowe, Dieter; Einige Bemerkungen zur Berufsstruktur des Lassalleschen Allgemeinen Deutschen Arbeitervereins Ende der 1860er Jahre, in: Herzig, Arno und Trautmann Günter (Hrg.); „Der kühnen Bahn nur folgen wir...", Hamburg 1989, S.142-146, er gibt für die 33 vorliegenden Mitgliederlisten für das Textilgewerbe einen Anteil von 37% und für die Fabrikarbeiter einen Anteil von 7% an; der Anteil der Tagelöhner (10%) und der Tabakarbeiter (2,3%) liegt deutlich unter dem Mülheimer Anteil.

schen Programmen, Parteien, gegründet. Insgesamt war aber in der Spitze nur ein geringer Anteil der Arbeiter organisiert, der Anteil lag unter 10 Prozent. der gesamten Mülheimer Arbeiterschaft.

Von der Krise zur Repression 1873 - 1878

Wirtschaftlich wurde diese Zeit in Mülheim durch die Weltwirtschaftskrise aber auch durch die Neuansiedlung von Unternehmen bestimmt. Deshalb entwickelten sich die verschiedenen die Industriearbeit bestimmenden Branchen unterschiedlich. So sanken im traditionellen Textilbereich nach 1873 die Arbeiterzahlen, Betriebe wurden geschlossen. In den Sektoren Metall/Chemie/feuerfeste Steine ging es bis 1875 noch aufwärts, erst danach traten die Krisensymptome mit Entlassungen und Betriebsschließungen deutlich auf. Aber früher als in der Seidenindustrie ging es bei den Branchen Chemie und Metall wieder aufwärts, insbesondere durch die Ansiedlung und Erweiterung innovativer Unternehmen. Insgesamt beschäftigten die beiden Bereiche 1878 mehr Arbeiter als zur Zeit der Hochkonjunktur 1872. Neue Arbeitsplätze waren geschaffen worden mit neuen Techniken und Herausforderungen an die Arbeiter. 1878 übertraf die Arbeiterzahl der Metallindustrie in Mülheim die der Textilindustrie, die Metallindustrie hatte sich nun in Mülheim unter Führung von F & G zum Leitsektor entwickelt.
Die Einigung der beiden Fraktionen der sozialistischen Arbeiterbewegung in Gotha 1875 gab auch der Mülheimer Arbeiterbewegung Auftrieb. Ein Indikator dafür sind die Wahlergebnisse der SAP-Kandidaten. Hatten in den Reichstagswahlen 1871 und 1874 die sozialdemokratischen Kandidaten im gesamten Wahlkreis gerade einmal 22 bzw. 7 Stimmen - alle aus der Stadt Mülheim - erhalten, stieg der Stimmenanteil in Mülheim 1877 auf 24,1 und 1878 nun schon unter den Repressionsmaßnahmen auf 14,4 Prozent an. Das gestiegene Selbstbewußtsein der Arbeiterschaft machte sich auch in den ab 1875 gegründeten vier Organisationen der Arbeiterbewegung bemerkbar, einem sozialistischem Arbeiter-Wahlverein und drei Branchen-Gewerkschaften bei den Metallarbeitern, den Holzarbeitern und den Schustern. Leitfunktion übernahm die Metallarbeiter-Gewerksgenossenschaft, die 1878 allein 100 der rund 180 organisierten Arbeiter stellte. Nun organisierten sich die klassischen Fabrikar-

beiter, ein Zeichen ihres gesteigerten Selbstbewußtseins und ihrer Stärke. Dies war natürlich auch Ausdruck ihrer wirtschaftlichen Macht in den innovativen Fabriken der Kabel-, Draht- und Maschinenindustrie. Die handwerklichen Fabrikarbeiter waren sich durchaus des Wertes ihrer Arbeitskraft - ausgewiesen durch ihre speziellen Fähigkeiten als Facharbeiter - bewußt.

In den Gremien der Mülheimer Arbeiterbewegung finden sich nun als Führungsfiguren neben dem einzigen Seidenweber Peter Bilstein auch Schlosser wie Johann Witzka, schon seit 1871 in Streiks und als SDAP/SAP-Agitator aktiv, und zwei Zimmerleute Heinrich Euler und Johann Fischer.

Die Kontinuität seit 1848 wurde durch die Seidenweber weiter gewährleistet, das zeigt sich auch darin, daß Peter Bilstein bis zum Sozialistengesetz der Präsident des Mülheimer sozialistischen Arbeiter-Wahlvereins blieb. Aus den Gründungszeiten des ADAV zeigt sich bei den Metallarbeitern, die in den Führungsgremien Mülheimer Arbeiterorganisationen vertreten sind, eine weitere Kontinuitätslinie.[796] Der Bürgermeister nennt in seinem Bericht 1878 ausdrücklich als sozialdemokratische Agitatoren Johann Witzka, 36 Jahre, Schlosser und Heinrich Gottlieb August Werner, 33 Jahre, Schlosser. Neu hinzugekommen sind die Holzarbeiter und die Zimmerleute.

Ob die Gründung der drei Mülheimer Gewerkschaften reine SAP-Parteischöpfungen oder vollkommen eigenständig aus Gesellenvereinigungen oder Hilfskassen entstanden sind, läßt sich nicht eindeutig beantworten.[797] Eine Verzahnung zwischen SAP und den beiden Gewerkschaften der Metallarbeiter und Holzarbeiter ist mit Sicherheit festzustellen, dies zeigen schon die Arbeiter Johann Witzka, Schlosser, SAP-Agitator und erster Bevollmächtigter der Metallarbeitergewerksgenossenschaft und die beiden Zimmerleute im Vorstand des sozialistischen Arbeiterwahlvereins.[798] Eine Aussage für die Gewerk-

---

[796]So war der erste ADAV-Bevollmächtigte 1864 der Schmied Scheider.

[797]Siehe zu dieser Auseinandersetzung Boch, Zunfttradition (wie Anm. 62), S.46 und Kocka, Jürgen; Traditionsbindung und Klassenbildung. Zum sozialhistorischen Ort der frühen deutschen Arbeiterbewegung, in: HZ 243 (1986), S. 353 f, die sich beide für die These aussprechen, daß die sich zumeist ohne Gründungshilfe der Parteien gebildet haben, im Gegensatz zu der bisher herrschenden traditionellen Meinung der Parteiinitiative.

[798]So weit wie Christiane Eisenberg würde ich nicht gehen, von Gewerkschaftsgründungen „wider Willen“ durch die Partei zu reden, s. Eisenberg, Christiane; Gewerk-

schaft der Schuster kann für diese Problematik in Mülheim nicht gemacht werden.
Die Arbeiterbewegung war inzwischen in Mülheim soweit gefestigt, daß auch das Sozialistengesetz die Strukturen nicht endgültig zerstören konnte. In Geheim- und Tarnorganisationen überlebten die Organisationen der Arbeiterbewegungen; sie gingen sogar verstärkt aus diesem Konflikt hervor.

Bewertung

Die ersten 75 Jahre des 19. Jahrhunderts sind ein Zeitraum des Übergangs vom Feudalismus zum Kapitalismus, von der noch stark agrarisch geprägten zur Industriegesellschaft; die Lohnarbeit setzt sich überall durch.[799] Sie bestimmt auch das Wirtschaftsleben in Mülheim. Neue Fertigungstechniken und -prozesse, neue Antriebssysteme und damit neue zentralisierte Unternehmensformen charakterisieren nun die Mülheimer Industrie. Zunftzwänge waren aufgehoben. Statt Landwirtschaft, Handwerk, Verlag und Manufaktur bestimmen am Ende des dritten Jahrhundertviertels Handwerk und Industrie das Arbeitsleben. So gibt es zwar in Mülheim noch das Verlagssystem in der Seidenweberei und die Manufakturbetriebe in der Tabakherstellung, aber die Fabrik hat zusammen mit dem Handwerk eindeutig prägenden Charakter. Dabei setzte in Mülheim die Industrialisierung erst spät in der Zeit von 1858-1860 ein, ging dann jedoch sehr rapide vorwärts und hatte 1875 schon einen ersten Höhepunkt erreicht. Bis zu diesem Zeitpunkt war die Textilindustrie in Mülheim bestimmend, sie wurde jetzt von der Metallindustrie abgelöst.
In diesem Veränderungsprozeß entwickelt sich die Arbeiterschaft vom Stand zur Klasse, vom Pöbel zum Proletariat.[800]
Die Einführung und Veränderung der Industriearbeit in Mülheim hatte Einfluß auf die Arbeiterschaft insbesondere in ihrem politischen und gewerkschaftlichen Organisationsbegehren. Die immer stärkere Abhängigkeit des Heimwebers vom Verleger zeigte sich besonders in Krisensituationen. Die erfolgreich durchgeführte Lohnerhebung mün-

---

schaften (wie Anm. 56), S.259 f.
[799]Kocka, Arbeitsverhältnisse (wie Anm. 17), S.1.
[800]Conze, „Vom Pöbel..“ (wie Anm. 17), S.113; vgl. Kocka, Arbeitsverhältnisse (wie Anm. 17), S.5; vgl. auch Lademacher, Rheinlande (wie Anm. 39), S.531 ff.

dete u.a. in der Gründung des Mülheimer Arbeitervereins, der ersten Organisation der Arbeiterbewegung 1848. Etwas später entstand eine Zahlstelle der Zigarrenarbeiter-Assoziation in Mülheim (1850/51). Hier ermöglichte es die Produktionsform der Manufaktur mit gemeinsamer Produktionsstätte, die auf der Wanderschaft kennengelernten revolutionären Ideen zu diskutieren und in eine Organisation umzusetzen.

Die Idee des Bildungsvereins - von Liberalen Anfang der 60er Jahre propagiert - wurde in Mülheim von der Arbeiterbewegung anfangs genutzt, die jedoch später eigene Organisationsformen entwickelte. Dabei konnte auf den Organisationserfahrungen der Revolution aufgebaut werden. Neben dem politischen Verein (ADAV/LADAV) entstand ähnlich wie 1848 eine gewerkschaftliche Organisation (ADCAV). Die Ende der 50er, Anfang der 60er Jahre entstehenden Mülheimer Fabriken erleichterten als „Musterschule der Solidarität" gemeinsame Diskussion und Organisation.[801] Es standen jedoch in dieser Zeit die allgemeinen politischen Organisationen im Vordergrund.

Die Technisierung des Arbeitsprozesses in Mülheim seit den 60er Jahren - Einführung von Maschinenwebstühlen und Gründung von Maschinenfabriken - ließ den Menschen an der Maschine immer stärker werden. Mit wenigen Arbeitern konnte eine ganze Produktion stillgelegt werden. Dies führte zu einem verstärkten Selbstbewußtsein; diese Macht zeigte sich in dem Textilarbeiterstreik 1871, der erfolgreich abgeschlossen wurde. Fabrikarbeit wurde jetzt nicht mehr wie lange Jahre zuvor als Durchgangsform - insbesondere für Handwerker - betrachtet, sondern als Dauerform. Somit konnten sich auch hier Organisationsstrukturen bei den Arbeitern entwickeln.[802] Waren noch in den 60er Jahren mehrheitlich Handwerksgesellen, Tagelöhner und Heimweber organisiert, waren es nun die Industriearbeiter, die zusammen mit Ungelernten ein Identifikationsgefühl als Fabrikarbeiter entwickelten.[803] Das Selbstbewußtsein stieg; aus der ehemals negativ besetzten Kategorie des Fabrikarbeiters wurde die eines bewußten Proletariers. So waren Mitte 1878 die meisten Arbeiter - Fabrikarbeiter - in der Metallarbeiter-Gewerksgenossenschaft organisiert, dies

---

[801]Zitat nach Schröder, Arbeitergeschichte (wie Anm. 9), S.48.
[802]Wehler, Gesellschaftsgeschichte 1815 (wie Anm. 17), S.152 ff.
[803]Wehler, Gesellschaftsgeschichte 1849 (wie Anm. 19), S. 795.

war nicht verwunderlich, da nun die metallverarbeitenden Fabriken die meisten Arbeiter Mülheims beschäftigten.
Diese Entwicklung hatte ihre Auswirkungen auf die Mülheimer Unternehmerschaft. So wurde dort schon im Juni 1878 die Unternehmerorganisation „Verein zur Unterdrückung sozialdemokratischer Umtriebe“ gegründet, mehrere Monate vor dem Beschluß über das Sozialistengesetz.[804] Die verstärkt ab 1874 in Mülheim betriebene Errichtung von Werkswohnungen und Einrichtung von Betriebskassen sollte ein betriebliches Palliativmittel gegen die aufstrebenden Gewerkschaften und Sozialdemokratie schaffen.[805]
Betrachtet man die drei Zeitabschnitte unter dem Gesichtspunkt der Kontinuität bezogen auf die Industriearbeit und die Arbeiterbewegung, so ist festzustellen, daß sich Veränderungen bezogen auf die Arbeit unterschiedlich nach den Branchen vollzogen haben. Nach Einführung des „Jacquard-Stuhls“ in den 20er Jahren des Jahrhunderts hat sich bis 1860 im Grundsatz nichts an der Seidenherstellung geändert. Die anfangs noch in Heimarbeit durchgeführten Färbe-, Winde- und Appreturarbeiten wurden bald in fabrikeigenen Werkhallen zentralisiert, diese Aufgaben wurden immer mehr von Kindern, später nach Erlaß der Schutzgesetze von Jugendlichen und Frauen durchgeführt. Nach Einführung der Maschinenstühle für die schmalen Samtbänder übernahmen immer mehr Frauen diese Arbeiten. Die erst spät in Mülheim (ab 1869) angesiedelten Maschinenfabriken waren mit modernen Maschinen und Antriebsgeräten ausgerüstet. Die chemischen Betriebe - hier besonders die Bleifarbenindustrie - vollzog den Modernisierungsschub mit dem neuen Kammerverfahren ab Beginn der 60er Jahre nach, ansonsten blieben die Arbeitsbedingungen - auch in ihren extremen Gesundheitsgefährdungen - gleich.
Kontinuitäten bei den Organisationen der Arbeiterbewegung in Mülheim gab es zum einen durch die Trägerschichten und zum anderen durch die Struktur.
In allen drei Phasen[806] waren die Seidenweber politisch aktiv, sie organisierten sich im Arbeiterverein 1848, im ADAV/LADAV und in

[804]HAStK, Best. 870, Nr. 363, S.87.
[805]Kocka, Arbeitsverhältnisse (wie Anm. 17), S.430.
[806]1. Phase die Revolutionszeit 1848-1850, 2. Phase 1863-1871, 3. Phase 1874-1878; die Unterbrechung zwischen 2. und 3.Phase rechtfertigt sich aus der Tatsache, daß in dieser Zeit keine Organisationsstrukturen bekannt sind.

der SAP. Dokumentiert wird dies u. a. durch die Einnahme von Führungsfunktionen. Das gleiche kann von den Tagelöhnern gesagt werden. Ihre berufliche und betriebliche Einordnung ist jedoch schwierig. Metallarbeiter waren erst in der zweiten und dritten Phase aktiv, in der Zeit vor dem Sozialistengesetz waren sie die stärkste organisierte Branche. Holzarbeiter und Schuster wurden erst in der dritten Phase aktiv. In der ersten und zweiten Phase waren die Organisationen bestimmend, die sich mit gesellschaftspolitischen Themen befaßten, zumindest in der zweiten Phase traten sie als Parteien auf. Man traf sich in dieser Zeit als Arbeiter, nicht als Seidenweber, Tischler oder Schmied.[807] Die gewerkschaftliche, d.h. berufsspezifische Orientierung war in allen drei Phasen vorhanden, anfangs nur schwach (bei den Zigarrenarbeitern), sie dominierte erst in der dritten Phase und löste damit die Partei SAP als stärkste Organisation ab. Während in der ersten Phase die Vereine spontan und selbständig vor Ort entstanden waren, gab es in den anderen beiden Zeiträumen zentrale Strukturen, die ihre Ausprägungen vor Ort suchten. Die Arbeiterbewegung suchte in der ersten Phase noch die Zusammenarbeit mit dem Bürgertum, in den anderen beiden Zeiträumen war sie auf sich allein gestellt. Diese Entscheidung war bewußt getroffen.[808]

Für alle drei Phasen gilt, daß die Arbeiterbewegung eine Vereins- und Versammlungsbewegung war, nur mit diesen Aktionsmöglichkeiten konnte sie vor Ort arbeiten.[809]

---

[807]Welskopp; Klasse (wie Anm. 3), S.319.

[808]Insbesondere von ADAV und LADAV, die die Zusammenarbeit mit den Liberalen ablehnten, beide waren in Mülheim stark. Dies gilt auch für die SAP in der Zeit ab 1875.

[809]Welskopp, Klasse (wie Anm. 3), S.319.

Schlußbemerkungen

Die soziale und industrielle Entwicklung Mülheims mit ihrer starken Seidenweberei, die noch bis 1875 anwuchs, sich dabei von der Handweberei zur Maschinenweberei entwickelte, war nicht typisch für die Entwicklung der Industrie und ihrer Arbeiterschaft in deutschen Industriestädten. Vergleichbar ist die Situation dieser Industriestadt höchstens mit dem Krefelder und Elberfelder Raum, da dort ähnliche Strukturen herrschten. Auch ist der späte Einsatz von Antriebsmaschinen untypisch für eine deutsche Industriestadt. Von daher muß die Frage eines exemplarischen Verlaufs der Veränderung der Industriearbeit verneint werden.

Die örtliche Wirtschaftsentwicklung Mülheims hatte Auswirkungen auf die Entwicklung der Arbeiterbewegung. So gab es eine starke Beteiligung der Seidenweber - einer Beschäftigtengruppe des vorindustriellen Sektors - in der Mülheimer Arbeiterbewegung bis Anfang der 70er Jahre, auch wenn die Maschinenwebstühle immer weiter vordrangen. Die im übrigen Deutschland stark vertretenen Handwerker in den sozialistischen Organisationen waren in der Rheinstadt schwächer repräsentiert. Auch die erst ab 1875 einsetzende breite Gewerkschaftsbewegung ist nicht gerade typisch für eine Industriestadt mit Organisationserfahrungen aus den 1848/49er Jahren. Dies hängt wohl damit zusammen, daß die Handwerker-Arbeiter fast völlig fehlten. Die Kontinuitäten der Bewegung von 1848 über 1863/64 bis 1875 ist jedoch vergleichbar denen anderer Orte und der Gesamtentwicklung.

In diesem Zusammenhang ist es von Interesse, die weitere Entwicklung Mülheims unter dem gleichen Aspekt bis zur Aufgabe der Selbständigkeit 1914 zu untersuchen. Ähnliches gilt für die Nachbarstädte Deutz und Kalk, die z.T. parallele, aber auch wegen einer anderen Leitindustrie andere Entwicklungen nahmen.Für die Erforschung regionaler und örtlicher Gegebenheiten bietet sich demnach noch ein weites Feld zur Erforschung der Kämpfe und Auseinandersetzungen der Industriearbeiter und des Alltagslebens ihrer Familien. In der Örtlichkeit liegt die Chance, näher an den Menschen zu sein, die „ihre Geschichte nicht aus freien Stücken, aber selbst machen“.[810]

---

[810]Zitat in abgewandelter Form nach Niethammer, Lutz; „Die Menschen machen ihre Geschichte nicht aus freien Stücken, aber sie machen sie selbst“, in: ders. u.a. (Hrg.), Berlin, Bonn 1985, Titel.

Abkürzungsverzeichnis

ABV/ABVe	Arbeiter-Bildungsverein/-vereine
ADAV	Allgemeiner Deutscher Arbeiterverein
ADCAV	Allgemeiner Deutscher Cigarren-Arbeiterverein
AdsD	Archiv der sozialen Demokratie (Bonn)
AV/AVe	Arbeiterverein/Arbeitervereine
DVP	Deutsche Volkspartei
FB	Freie Blätter
F & G	Felten & Guilleaume
FV	Freie Volksblätter
FZ	Freie Zeitung (Zeitung d. LADAV)
GiK	Geschichte in Köln
HAStK	Historisches Archiv der Stadt Köln
HK	Handelskammer
HSAD	Haupt- und Staatsarchiv Düsseldorf
Jb	Jahresbericht
KBMS	Kreis-Blatt für Mülheim und Sieg
KBMSLkK	Kreis-Blatt für Mülheim, Sieg und Landkreis Köln
KBMS	Kreisblatt für Mülheim und Sieg
KFP	Kölner Freie Presse
LADAV	Lassalle'scher Allgemeiner Deutscher Arbeiterverein
LAMü	Landratsamt Mülheim
MA	Mülheimer Anzeiger
MEW	Marx Engels Werke
MKB	Mülheimer Kreis-Blatt
MSKB	Mülheim-Sieger Kreisblatt
MVB	Mülheimer Volks-Blatt
MZ	Mülheimer Zeitung
NKZ	Neue Kölnische Zeitung für Bürger, Bauern und Soldaten
NRhZ	Neue Rheinische Zeitung
RBA	Hansen, Joseph (Hg.); Rheinische Briefe und Akten
RhVjBl	Rheinische Vierteljahres-Blätter
RhZ	Rheinische Zeitung (ab 1892)
RWWA	Rheinisch-Westfälisches Wirtschaftsarchiv in Köln
SAPD	Sozialistische Arbeiterpartei Deutschlands (ab 1875)

SDAP	Sozial-Demokratische Arbeiterpartei (Eisenacher)
SD	Sozialdemokrat (Zeitschrift)
Sgr.	Silbergroschen
StK	Staatsarchiv Koblenz
SVP	Sächsische Volkspartei
VDAV	Vereinstag der Deutschen Arbeitervereine
VS	Der Volksstaat
VSWG	Vierteljahresschrift für Sozial- und Wirschaftsgeschichte
WZ	Westdeutsche Zeitung

Anhang

Firmengründungen in Mülheim nach Gründungsdatum (1. Erwähnung) geordnet

Firma	Grdg	Branche	Tex	Met	Che	Son
Chr.Andreaea	1714	Seidenweberei	x			
J.P.Steinkauler	1718	Seiden	x			
Abraham Cahen	1829	Leder				x
Kaesbach	1834	Tuchherstellg.	x			
Neu	1834	Seidenweber	x			
Graf	1834	Seidenweber	x			
Wolff-Rosa	1843	Lackfarb., Firnis			x	
Wedemeyer/Hölterhoff	1843	Seide	x			
Schöffel & Co.	1844	Porzell./Tonwar.				x
van der Zypen/Charlier	1845	Eisenbahnwagg.		x		
Chr. Forsbach Cie.	1847	Feuerfeste Steine				x
Goldenberg/Seyffert	1850	Seide	x			
Lindgens & Söhne	1851	Bleiwar.,Bleifarb			x	
L.Brückmann	1855	Teerpappe				x
vom Bruck u. Söhne	1855	Seidenfabr.	x			
Schmidt/Steinkäuler	1855	Seidenfabr.	x			
Lüttringhaus	1857	Etuifabrik				x
Ransonet	1857	Schmiedeherde		x		
B. Zimmermann	1858	Dachpappen				x
Hugo Möhl & Cie.	1859	Feuerfest. Prod.				x
Israel	1859	Wagenfabrik		x		
W. Brandhoff	1860	Dachpapp.				x
A.Lüttgen	1863	Chem. Fabrik			x	
Mülheimer Hütte	1864	Hüttenwerk		x		
Rommel, Weiß & Co	1864	Segeltuch	x			
Bodewig & Freydank	1865	Leineweberei	x			
Fischer & Co	1865	Seidenbandfabrik	x			
H.Grüßer & Co	1866	Asph./Dachp.				x
Bergmann u. Simons	1866	Bleiweißfarbe			x	
Gasmotorenfabr.Deutz	1869	Ottomotoren		x		
Eulenberg	1869	Werkzeugmasch.		x		
D'Heur	1872	Eisengießerei		x		
Hartmann & Lucke	1872	Benzol, Toluol			x	

F & G	1872	Draht		x		
Stöcker & Kunz	1872	Feuerfeste Steine				x
Rhein. Walzw.Böcking	1872	Walzwerk		x		
Kleinertz	1873	Möbelfabrik				x
Germania	1873	Hüttenwerk		x		
Colombia,Chem.Fabr.	1873	Schwefelsäure			x	
Martin & Pagenstecher	1873	Feuerfest. Prod..				x
Th. Mongen	1874	Eisenguß		x		
Lammine	1875	Dampfkessel		x		
Koll & Spitz	1875	Anstrichfarben			x	
Schüller & Cölle	1875	Draht		x		
A.Becher	1877	Senffabrik				x
U. Mächler	1877	Kapp.Hutfabrik	x			
Cornelius Schmidt	1877	Eisen-,Stahlwerk		x		

Zeitzeugenbericht eines Chemiearbeiters vom 5. Mai 1877 über die Zustände in einer Mülheimer Bleiweiß- und Mennigefabrik

„Ich war durch die allgemeine Notlage gezwungen, auf kurze Zeit in einer hiesigen Bleiweiß- und Mennigefabrik zu arbeiten...Schon beim Eintritt in eine solche Fabrik überkommt einen das Gefühl, als wenn man einem unbestimmten Etwas entgegenginge, welches sich auch in kurzer Zeit rechtfertigt. Oft schon nach dem Verlaufe von zwei bis drei Wochen treten - je nach dem einer mehr oder weniger für Bleivergiftung empfänglich - jene schrecklichen Krankheiten auf, welche man unter dem Namen Bleikolik, Bleilähmung und Bleikrankheit des Gehirns kennt. .... Die Bleikolik tritt am häufigsten im Sommer auf. Sie verursacht dem Leidenden die furchtbarsten Schmerzen und wird mit jedem neuen Anfall heftiger und immer schwerer heilbar. Die Bleilähmung erstreckt sich oft auf einzelne Glieder und hat ihre Ursache in der Einwirkung des Bleistaubs auf das Rückenmark. Die davon Betroffenen bleiben größtentheils ihr Leben lang siech und elend. Zu den schwereren Fällen treten manchmal eigenthümliche Gehirnaffektionen hinzu, welche sich durch fallsuchtähnliche Krämpfe und Sinnesstörungen aller Art offenbaren. Schwindel, Kopfweh, Trübsinn und Verstandesschwäche sind die Vorboten dieser Krankheit. Ja, man hat

Fälle, wo die Arbeiter durch die Bleikrankheit völlig erblinden..... geschieht denn garnichts zur Verhütung dieser Krankheiten oder Abschwächung der furchtbaren Wirkungen der Bleigifte?... Schreiber dieses hat in keiner der hiesigen Bleiweiß- und Mennigefabriken eine zweckentsprechende Ventilation zur Absorbierung dieser schädlichen Stoffe gefunden. Eine Reinigung der Tragbalken in den Werkräumen, wo der Bleistaub fingerdick liegt, findet nicht statt. Daß dieser Staub da nicht liegen bleibt, wird jedem klar sein, denn der geringste Luftzug oder die kleinste Erschütterung wirbelt ihn auf und er fliegt dann in feinen kaum sichtbaren Wolken den unteren Räumen zu, wo er seinen Eingang in die Lungen der Arbeiter findet.... Nicht einmal Schwämme zum Verbinden des Mundes findet man, doch halt, ich hätte bald die Unwahrheit gesagt, denn in einer der hiesigen Fabriken existieren 4 Stück Schwämme unter 50-55 Arbeitern. Es ist klar, daß durch kräftige Speisen die Wirkungen der Gifte zum wenigsten abgeschwächt werden könnten. Der Arbeiter ist aber bei einem Lohne von 2 Mark 30 bis 2 Mark 70 Pfennig nicht in der Lage für seine Angehörigen zu sorgen, Steuern zu zahlen, zu mausern und auch noch kräftige Nahrung zu sich zu nehmen. Soll letzteres geschehen, dann müßten ja die Arbeitslöhne erhöht werden und das wäre ja eine Versündigung gegen das Recept des Herrn Camphausen zur Hebung der deutschen Industrie. In den chemischen Fabriken wird 11 bis 12 Stunden täglich gearbeitet. Für eine so ungesunde Beschäftigung ist diese Arbeitszeit gewiß viel zu lange und dabei herrscht eine Aufsicht, die dem Arbeiter nicht einmal gestattet frische Luft zu schöpfen. ... Hier müßte vor allem dem Staat die Verpflichtung auferlegt werden, durch scharfe Controlle und Arbeiterschutzgesetze dem Unwesen in solchen Fabriken zu steuern. Besonders müßte die Arbeitszeit eine möglichst kurze sein, da von allen sich mit Bleikranken beschäftigenden Ärzten constatiert wird, daß die lange Arbeitszeit eine Hauptursache der Bleikrankheiten ist."

Quelle:
Kölner Freie Presse, Nr.19 v. 5.5.1877, der Betrieb ist die Bleifarbenfabrik Lindgens, das ist eindeutig aus der Beschäftigtenzahl zu schließen.

Quellen und Literaturverzeichnis

A. Ungedruckte Quellen

Rheinisch Westfälisches Wirtschaftsarchiv Köln (RWWA)

Bestand Handelskammer Mülheim/Rhein

- Abt. 2, Nr. 4, Fasz. 5 (2/4/5) o.P. (Erstattung und Versendung der Jahresberichte)
- Abt. 2, Nr. 9, Fasz. 3 (2/9/3) o.P. (Verschiedenens)
- Abt. 2, Nr. 14, Fasz. 1 (2/14/1) o.P. (Sozialpolitik und Arbeiterwesen)
- Abt. 2, Nr. 14, Fasz. 5 (2/14/5) o.P. (Lohnzahlungsbücher an Minderjährige)
- Abt. 2, Nr. 14, Fasz. 6 (2/14/6) o.P. (Zwangskassen für jugendliche Arbeiter)
- Abt. 2, Nr. 21, Fasz. 1 (2/21/1) o.P. (Versicherung)

Historisches Archiv der Stadt Köln (HAStK)

Ce 30, Bd. 1, Bericht über die Verwaltung und den Stand der Gemeindeangelegenheiten der Stadt Mülheim am Rhein 1875/76 bis 1901, Mülheim 1902

Bestand 870 - Bürgermeisterei Mülheim

- Nr. 37 Maßnahmen gegen Lebensmittelteuerung 1845-1851
- Nr. 121-128 Protokollbücher des Gemeinderats von Mülheim vom 26.11.1846-30.12.1900
- Nr. 262 Verwaltungsberichte und Nachweisungen über die wesentlichen Verhältnisse der Stadt 1828-1897
- Nr. 263 Jährliche Hauptverwaltungsberichte 1819-1865
- Nr. 269 Polizei- und Zeitungsberichte 1823-1842
- Nr. 279 Ausführungsbestimmungen zum Gesetz gegen die gemeingefährlichen Bestrebungen der Sozialdemokratie (Gen.) 1877-1914
- Nr. 363 Statistische Tabellen und Übersichten 1816-1856
- Nr. 558 Fabrikakten der Firma Stöcker & Kunz 1892-1912
- Nr. 563 Maßregeln gegen die gemeingefährlichen Bestrebungen 1830-1896
- Nr. 867 Lage der Industrie und des Handwerks (Gen.) 1857-1913
- Nr. 1557 Lage der Industrie und des Handwerks (Spe.) 1875-1900
- Nr. 1865 Bevölkerungs- und Gewerbetabellen 1820-1860

Haupt- und Staatsarchiv Düsseldorf (HSAD)

Landratsamt Mülheim

- Nr. 85 Bevölkerungsaufnahmen 1854-1869
- Nr. 86 Statistische Übersichten des Kreises Mülheim 1834
- Nr. 92 Zeitungsberichte 1867-1878
- Nr. 93 Gewerbegericht Mülheim 1869-1891
- Nr. 109 Gewerbliche Anlagen 1853-1862
- Nr. 111 Politische Bestrebungen, Ereignisse 1854-1890
- Nr. 338 Statistische Nachrichten über das Berg- und Hüttenwesen 1853-1869
- Nr. 339 desgl. 1870-1896
- Nr. 433 Streitigkeiten zwischen Gewerbetreibenden und ihren Gehülfen 1855-1933

Regierung Köln

- Nr. 61 Excesse im Kreis Mülheim 1818-1851
- Nr. 82 Die Nachweisungen der in hiesigen Regierungsbezirk erscheinenden periodischen Blätter, 1840-1851
- Nr. 83 Die Nachweisungen der in hiesigen Regierungsbezirk erscheinenden periodischen Blätter, 1851-1858
- Nr. 84 Die Nachweisungen der in hiesigen Regierungsbezirk erscheinenden periodischen Blätter, 1859-1866
- Nr. 85 Die Nachweisungen der in hiesigen Regierungsbezirk erscheinenden periodischen Blätter, 1867-1876
- Nr. 330 Revisionsberichte des Kreises Mülheim von 1832-1889
- Nr. 344 Die statistischen Verhältnisse im Kreis Mülheim 1839-1848
- Nr. 2062 Industrie, Fabriken und Handel betreffend 1817-1825
- Nr. 2158 Nachweisung der bei der Reg. Köln befindlichen Industriebetriebe 1975-1878
- Nr. 6960 Zeitungberichte der Regierung zu Cöln von 1859-1862
- Nr. 7697 Beaufsichtigung der Presse 1848-1915
- Nr. 7752 Berichte des Landrates an die Regierung das Vereinswesen betreffend 1842-1912
- Nr. 8083 Die im Kreise Mülheim vorgefallenen Excesse und Demonstrationen 1853-1896
- BR 1040, Nr. 134 Die polizeiliche Aufsicht über die Vereine und Gesellschaften, Sozialistengesetz 1874-1890

Archiv der sozialen Demokratie (AdsD)

- Abteilung IV, Best. ADAV

Stiftung Archiv der Parteien und Massenorganisationen der DDR im Bundesarchiv (SAPMO)

Bestand RY 15/II/139/

- 1, 1, Protokolle
- 2, 2-23, Präsidium
- 3, 24-26, Sekretariat
- 4, 27-38, Hauptkasse
- 5, 39-61, Bevollmächtigte
- 6, 62-108, Ortsvereine

Da innerhalb des Bestandes RY 15/II/139 fortlaufend nummeriert wurde, wird im Text als Quellenangabe nur SAPMO mit der entspr. Nummer und der Blattzahl angegeben.

B. Gedruckte Quellen

Periodika

- Der Botschafter. Organ der deutschen Cigarrenarbeiter
  1867 - 1871
- Circular - Zeitung der Zigarrenarbeiter-Assoziation
  1850 - 1851
- Freie Blätter/Freie Volksblätter
  1848 - 1849
- Freie Zeitung des Lassalle'schen Deutschen Arbeiter-Verein
  1867 - 1868
- Kölner Freie Presse
  1877 - 1878
- Kreis-Blatt für Mülheim und Sieg
  1843 - 1847
  Einzelausgaben 1848
- Kreis-Blatt für Mülheim, Sieg und Landkreis Köln
  1849 - 1850
- Kreis-Blatt für Mülheim, Wipperfürth und Sieg
  Einzelausgaben 1840 und 1841
- Mülheimer Anzeiger
  1873, 1875 - 1878
- Mülheimer Kreisblatt
  1868 - 1869, 1872

Einzelausgaben 1875

- Mülheim-Sieger Kreisblatt
  1855 - 1857
  Einzelausgaben 1859, 1862, 1865 und 1867
- Mülheimer Volksblatt
  1860 - 1868
- Mülheimer Zeitung
  1877 - 1878
- Neue Kölnische Zeitung für Bürger, Bauern und Soldaten
  1848 - 1849
- Neue Rheinische Zeitung
  1848 - 1849
- Nordstern
  864
- Rheinische Zeitung (liberal)
  1867
- Rheinische Zeitung (ab 1892 sozialdemokratisch)
  Jg. 1910 und 1931
- Sozialdemokrat
  1865 - 1869
- Der Volksstaat
  1869 - 1876
- Vorwärts
  1876
- Westdeutsche Zeitung
  1849 - 1850

Literatur

1 Adelmann, Gerhard; Die ländlichen Textilgewerbe des Rheinlandes vor der Industrialisierung, in: RhVjBll 43 (1979), S.260-288

2 Aders, Gebhard; Die Entwicklung der Besiedlung und die Änderung der Flächennutzung im rechtsrheinischen Kölner Raum 1800 bis 1870, in: Rechtsrheinisches Köln, 22, Köln 1996, S.33-80

3 Alberg, Hans Rudolf; Wirtschafts- und Sozialgeschichte der Stadt Trier von der Mitte des 19. Jahrhunderts bis zum Beginn des ersten Weltkriegs, Bonn 1972

4 Amendt, Hans; Die inner- und außerbetriebliche Lage der Arbeitnehmer in der Glas-, Papier-, Zucker- und chemischen Industrie der Regierungsbezirke Köln, Düsseldorf und Aachen zur Zeit der frühen Industrialisierung (ca. 1800-1875), Bonn 1975

5 Ayçoberry, Pierre; Köln zwischen Napoleon und Bismarck. Das Wachstum einer rheinischen Stadt, Köln 1996

6 Beaucamp, Jorg; Die Textilwirtschaft im Bezirk der Industrie- und Handelskammer zu Köln und ihre räumliche Verflechtung, Diss.masch.schr., Köln 1952

7 Becker, Bernhard; Geschichte der Arbeiter-Agitation Ferdinand Lassalle's, 2. Aufl. Berlin, Bonn 1978, Reprint der 1874 erschienenen 1. Auflage

8 Becker, Walter; Die Entwicklung der deutschen Maschinenbauindustrie von 1850 bis 1870,

in: Schröter, Alfred, Becker, Walter; Die deutsche Maschinenbauindustrie in der industriellen Revolution, Berlin 1962, S.137-285

9 Bendel, Johann; Die Stadt Mülheim am Rhein, Mülheim 1913, unveränderter Nachdruck Köln 1981

10 Bilz, Brigitte; Anton Gladbach - vom Demokraten zum Polizeispitzel, in: Bilz Fritz, Schmidt, Klaus (Hg.), Das war ´ne heiße Märzenzeit. Revolution im Rheinland 1848/49, Köln 1998, S.190-195.

11 Bilz, Fritz; Arbeit, Kampf und Tabaksqualm. Der Kölner Zigarrenarbeiter Peter Gerhard Röser. 1814-1865, Hamburg 1995

12 Blumberg, Horst; Die Finanzierung der Neugründungen und Erweiterungen von Industriebetrieben in Form von Aktiengesellschaften während der fünfziger Jahre des neunzehnten Jahrhunderts in Deutschland, am Beispiel der preußischen Verhältnisse erläutert, in: Mottek, Hans (Hg.), Studien zur Geschichte der industriellen Revolution in Deutschland, Berlin 1960, S.165-207

13 Blumberg, Horst; Die deutsche Textilindustrie in der industriellen Revolution, Berlin 1965

14 Boch, Rudolf; Zunfttradition und frühe Gewerkschaftsbewegung, in: Wengenroth, Ulrich (Hg.); Prekäre Selbständigkeit. Zur Standortbestimmung von Handwerk, Hausindustrie und Kleingewerbe im Industrialisierungsprozeß, Stuttgart 1989, S. 37-69

15 Borscheid, Peter; Textilarbeiterschaft in der Industrialisierung, Stuttgart 1978

16 Braubach, Max; Vom Westfälischen Frieden bis zum Wiener Kongreß (1648-1815), in: Petri, Franz, Droege, Georg (Hg.), Rheinische Geschichte, Bd. 2, Düsseldorf 1976

17 Brauns, Heinrich; Der Übergang von der Handweberei zum Fabrikbetrieb in der Niederrheinischen Samt- und Seiden-Industrie und die Lage der Arbeiter in dieser Periode, Leipzig 1906

18 Bredeck, Heinz; Die Industrialisierung im Kölner Raum, ungedr. Dipl.-Arbeit, Köln WS 1964/65

19 Bremer, C.; Kölns rechtsrheinische Großindustrie, von ihren Anfängen bis zur Gegenwart, Würzburg 1934

20 Buckmüller, Jacobs, Renners; Arbeiterbewegung und Betrieb. Beiträge zu einer anderen Geschichte Hannovers, Hannover 1996

21 Buschak, Willy; Von Menschen, die wie Menschen leben wollten, Köln 1985

22 Clasen, P.A.; Wirtschaftliche Entwicklung, in: Bachem, Julius (Hg.), Die Vereinigung der Rheinlande mit Preußen. Zur Jahrhundertfeier der Vereinigung der Rheinlande mit Preußen, Köln 1915, S.117-181

23 Cohen, Ernst; Die Entwicklung der deutschen Florgewerbe-Industrie bis zum Jahre 1914, Köln 1927

24 Conze, Werner; Vom „Pöbel" zum „Proletariat". Sozialgeschichtliche Voraussetzungen für den Sozialismus in Deutschland, in: VSWG, Bd. 41, Wiesbaden 1954, S.333-364

25 Croon, Helmuth; Rheinische Städte, in: Först, Walter (Hg.), Das Rheinland in preussischer Zeit, Köln u.a. 1965, S.87-108

26 Denkschrift zur Eröffnung der neuen Werft- und Zollamts-Anlagen mit Bahnanschluß zu

Mülheim am Rhein am 2. Juli 1898, Mülheim am Rhein 1898

27 Dokumente des Sozialismus, Bd. 4, Heft 10, Berlin 1904

28 Dowe, Dieter; Aktion und Organisation. Arbeiterbewegung, sozialistische und kommunistische Bewegung in der preußischen Rheinprovinz. 1820-1852, Hannover 1970

29 Dowe, Dieter, Klotzbach, Kurt (Hg.); Programmatische Dokumente der deutschen Sozialdemokratie, Berlin u.a. 1973

30 Dowe, Dieter; Organisatorische Anfänge der Arbeiterbewegung in der Rheinprovinz und in Westfalen bis zum Sozialistengesetz 1878, in: Reulecke, Jürgen (Hg.), Arbeiterbewegung an Rhein und Ruhr, Wuppertal 1974, S.51-80.

31 Dowe, Dieter; Legale Interessenvertretung und Streik. Der Arbeitskampf in den Tuchfabriken des Kreises Lennep (Bergisches Land) 1850, in: Tenfelde, Klaus, Volkmann, Heinrich (Hg.); Streik. Zur Geschichte des Arbeitskampfes in Deutschland während der Industrialisierung, München 1981, S. 31-51

32 Dowe, Dieter und Offermann, Toni (Hrg.); Deutsche Handwerker- und Arbeiterkongresse 1848-1852, Berlin u.a. 1983

33 Dowe, Dieter; Einige Bemerkungen zur Berufsstruktur des Lassalleschen Allgemeinen Deutschen Arbeitervereins Ende der 1860er Jahre, in: Herzig, Arno und Trautmann, Günter (Hrg.); „Der kühnen Bahnen folgen wir...“, Hamburg 1989, S. 135-147.

34 Dunker, Clemens; Der Kapitalbedarf und seine Befriedigung bei den Kölner Unternehmungen im 19. Jahrhundert, Diss.masch.schr., Köln 1950

35 Eisenberg, Christiane; Deutsche und englische Gewerkschaften. Entstehung und Entwicklung bis 1878 im Vergleich, Göttingen 1986

36 Emsbach, Karl; Die soziale Betriebsverfassung der rheinischen Baumwollindustrie im 19. Jahrhundert, Bonn 1982

37 Engelhardt, Ulrich; „Nur vereinigt sind wir stark“. Die Anfänge der deutschen Gewerkschaftsbewegung, Stuttgart 1977

38 Ewald, Lutz W.; „Mir komme von unne ruff und schaffe's uns selber“. Zur Geschichte der Gewerkschaftsbewegung in Darmstadt von ihren Anfängen bis zur Gegenwart 1835-1985, Darmstadt 1986

39 Fricke, Dieter; Handbuch zur Geschichte der deutschen Arbeiterbewegung 1869 bis 1917, Bd. 1, Berlin 1987

40 Frisch, Walther; Die Organisationsbestrebungen der Arbeiter in der deutschen Tabakindustrie, Diss., Leipzig 1905

41 Geis, Walter; Das Denkmal Kaiser Wilhelms I. in Mülheim am Rhein, in: Rechtsrheinisches Köln, 23, Köln 1997, S.73-140

42 Gerlach, Walter; Das Buch der alten Firmen der Stadt Köln im Jahre 1932, Leipzig o.J.

43 Gernert, Dörte; Lokal- und Regionalgeschichte als Aufgabe von Geschichtswissenschaft und historisch-politischer Bildung - Studien unter besonderer Berücksichtigung des Landkreises Mülheim am Rhein in der Revolution von 1848/49, Diss. masch.schr. Köln 1983

44 Gewerbetabelle der Fabrikations-Anstalten und Fabrik-Unternehmungen aller Art in sämmtlichen Staaten des Zoll-Vereins nach den Aufnahmen im Monat Dezember 1846, o.O. und

o.D.

45 Grebing, Helga; Geschichte der deutschen Arbeiterbewegung, 9. Aufl., München 1979

46 Greven, W., Adreßbuch für Köln, Deutz und Mülheim am Rhein, Köln 1855, 1859, 1862, 1863

47 Groschopp, Horst; Zwischen Bierabend und Bildungsverein. Zur Kulturarbeit in der deutschen Arbeiterbewegung vor 1914, 2. Aufl., Berlin 1987

48 Großstadt im Aufbruch. Köln 1888; Katalog zur gleichnamigen Ausstellung des Historischen Archivs der Stadt Köln, Köln 1988

49 Hansen, Joseph; Die Rheinlande und die preußisch-deutsche Politik 1815-1915, Bonn 1917

50 Hansen, Joseph (Hg.); Rheinische Briefe und Akten zur Geschichte der politischen Bewegung 1830-1850, Bd. 1, Essen und Leipzig 1919; Bd. 2.2., Köln 1976

51 Hansen, Joseph; Von der Französischen Revolution bis zur Gegenwart, in: Aubin, Hermann u.a.; Geschichte des Rheinlandes von der ältesten Zeit bis zur Gegenwart, 1.Band, Essen 1922, S. 239-435

52 Heid, Ludger; Von der Zunft zur Arbeiterpartei. Die Social-Demokratie in Duisburg 1848-1878, Duisburg 1983

53 Heidermann, Horst; Die Hausindustrie in der bergischen Bandweberei. Ein Beitrag zur Unternehmensmorphologie, Göttingen 1959

54 Henning, Friedrich-Wilhelm; Eisenbahnbau und Entwicklung der Eisenindustrie in Deutschland, in: Archiv und Wirtschaft. Mitteilungsblätter für das Archivwesen der Wirtschaft, 1973, Heft 1, S.1-20

55 Henning, Friedrich-Wilhelm; Die Stadterweiterung unter dem Einfluß der Industrialisierung (1871 bis 1914), in: Zwei Jahrtausende Kölner Wirtschaft. Band 2: Vom 18. Jahrhundert bis zur Gegenwart, hrg. im Auftrag des Rheinisch-Westfälischen Wirtschaftsarchivs zu Köln, Köln 1975, S.267-357

56 Henning, Friedrich-Wilhelm; Die Industrialisierung in Deutschland 1800 bis 1914, 8. Auflage, Paderborn u.a. 1993

57 Henseler, Paul; Politische Strömungen in der 2. Hälfte des 19. Jahrhunderts im ehem. Kreis Mülheim/Rhein, besonders im heutigen Gebiet der Stadt Porz, in: Unser Porz. Beiträge zur Geschichte von Amt und Stadt Porz, H.10, 1968, S. 15-91

58 Hermanns, Heinz; Die Handelskammer für den Kreis Mülheim am Rhein (1871-1914) und die Wirtschaft des Köln-Mülheimer Raumes, hrg. vom Rheinisch-Westfälischen Wirtschaftsarchiv zu Köln, Köln 1969

59 Herrmann, Walther; Die Industrialisierung des Verkehrs (dargestellt an der mittelrheinischen Wirtschaftsentfaltung), Jena 1940

60 Herzig, Arno; Der Allgemeine Deutsche Arbeiter-Verein in der deutschen Sozialdemokratie, Berlin 1979

61 Hocker, Nicolaus; Die Großindustrie Rheinlands und Westfalens, ihre Geographie, Geschichte, Production u. Statistik, Leipzig 1867

62 Hölscher, Lucian; Industrie, Aufsatz in: Geschichtliche Grundbegriffe (GG), hrg. v. Otto Brunner u.a., Bd. 3, Stuttgart 1982

63 Hombach, Heinz-Jürgen; Reichs- und Landtagswahlen im Siegkreis sowie in den Kreisen Mülheim am Rhein, Wipperfürth, Gummersbach und Waldbröl 1870 - 1878, Diss. masch. schr., Bonn 1963

64 Hoth, Wolfgang; Die Industrialisierung einer rheinischen Gewerbestadt - dargestellt am Beispiel Wuppertal, Köln 1975

65 Irsfeld, Franz; Anfänge und Entwicklung der Arbeiterbewegung in Köln (1800-1875), in: Brunn, Gerhard (Hg.), Sozialdemokratie in Köln, Köln 1986, S.17-47

66 Jahrbücher für die amtliche Statistik des preußischen Staats, Berlin 1863; Berlin 1867; Berlin 1869; Berlin 1876

67 Jahresberichte der Handelskammer für den Kreis Mülheim am Rhein für die Jahre 1872, 1888, 1889, 1891, 1893, 1895, 1896, 1897

68 Jander, Hubertus; Bevölkerungsentwicklung in Köln vom Beginn des 18. bis zum Beginn des 20. Jahrhunderts, ungedr. Dipl. Arb., Köln SS 1964

69 Jüttner, Werner; Deutz - Die Geschichte eines Vorortes, in: Brill, Franz (Hrg.); Deutz. Die Geschichte eines Vorortes, Köln 1955

70 Kamp, Isabella.;Wirtschaftstopographie des rechtsrheinischen Köln, Köln 1931

71 Karl Marx und Köln 1842-1852. Briefe, Texte, Bilder, Faksimiles, hrsg.v. Historischen Archiv der Stadt Köln, Köln 1983

72 Kellenbenz, Hermann, Eyll, Klara van; Die Geschichte der unternehmerischen Selbstverwaltung in Köln 1797-1914, Köln 1972

73 Kellenbenz, Hermann; Wirtschafts- und Sozialentwicklung der nördlichen Rheinlande seit 1815, in: Petri, Franz, Droege, Georg (Hrg.), Rheinische Geschichte, Band 3, Düsseldorf 1979, S.1-192

74 Kermann, Joachim; Die Manufakturen im Rheinland 1750-1833, Bonn 1972

75 Kleeis, Friedrich; Die Geschichte der sozialen Versicherung in Deutschland, Berlin 1928, Reprint Berlin 1981

76 Klein-Meynen, Dieter, Meynen, Henriette, Kierdorf, Alexander; Kölner Wirtschaftsarchitektur von der Gründerzeit bis zum Wiederaufbau, Köln 1996

77 Klersch, Joseph, Stein, Hans; Kölnische Zeittafel. Versuch einer Chronologie zur Wirtschafts- und Sozialgeschichte Kölns vom Ende der reichsstädtischen zeit bis zum Jahre 1900, in: 40 Jahre Rheinische Zeitung, Sondernummer v. 30.4.1931

78 Klönne, Arno; Die deutsche Arbeiterbewegung. Geschichte, Ziele, Wirkungen, Düsseldorf u.a. 1980

79 Kluge, E.; Adreßbuch von Köln, Deutz und Mülheim am Rhein, Köln 1857

80 Kocka, Jürgen; Traditionsbindung und Klassenbildung. Zum sozialhistorischen Ort der frühen deutschen Arbeiterbewegung, in: HZ 243 (1986), S. 333-376

81 Kocka, Jürgen; Arbeitsverhältnisse und Arbeiterexistenzen. Grundlagen der Klassenbildung im 19. Jahrhundert, Bonn 1990

82 Köllmann, Wolfgang; Soziale Frage und soziale Bewegungen, in: Först, Walter (Hg.), Das Rheinland in preussischer Zeit, Köln u.a. 1965, S.145-164

83 Köllman, Wolfgang: Pauperismus in Rheinland-Westfalen im Vormärz, in: Düwell, Kurt und Köllmann Wolfgang (Hg.), Rheinland-Westfalen im Industriezeitalter, Band 1, Von der Entstehung der Provinzen bis zur Reichsgründung, Wuppertal 1983, S. 148-157

84 Kölner Unternehmer und die Frühindustrialisierung im Rheinland und in Westfalen (1835-1871). Katalog zur Ausstellung des Rheinisch-Westfälischen Wirtschaftsarchivs zu Köln e.V., Köln 1984

85 Kriedte, Peter; Die Proto-Industrialisierung zwischen Industrialisierung und Deindustrialisierung, in: Kriedte, Peter, Medick, Hans, Schlumbohm, Jürgen (Hg.); Industrialisierung vor der Industrialisierung, Göttingen 1977, S.272-321

86 Koselleck, Reinhardt; Preußen zwischen Reform und Revolution, 3. Aufl., München 1989

87 Kuczynski, Jürgen; Die Geschichte der Lage der Arbeiter unter dem Kapitalismus, Bd.1, Berlin 1961

88 Kuczynski, Jürgen; Die Geschichte der Lage der Arbeiter unter dem Kapitalismus, Bd. 2, Darstellung der Lage der Arbeiter in Deutschland von 1849 bis 1870, Berlin 1962

89 Kuczynski, Jürgen; Die Geschichte der Lage der Arbeiter unter dem Kapitalismus, Bd. 3, Darstellung der Lage der Arbeiter in Deutschland von 1871 bis 1900, Berlin 1962

90 Kuczynski, Jürgen; Die Geschichte der Lage der Arbeiter unter dem Kapitalismus, Bd. 11, Studien zur Geschichte der zyklischen Überproduktionskrisen in Deutschland. 1825 bis 1866, Berlin 1961

91 Kuczynski, Jürgen; Die Geschichte der Lage der Arbeiter unter dem Kapitalismus, Bd. 14, Zur Frühgeschichte des deutschen Monopolkapitals und des staatsmonopolistischen Kapitalismus, Berlin 1962

92 Kuske, Bruno; Die wirtschaftliche Eigenart der Stadt Köln (Kölner wirtschafts- und sozialwissenschaftliche Studien, Heft 2), Köln 1921

93 Kuske, Bruno; Gewerbe, Handel und Verkehr, in: Geschichte des Rheinlands von der ältesten Zeit bis zur Gegenwart in zwei Bänden , 2. Bd.: Kulturgeschichte, hrg. von H. Aubin u.a., Essen 1922

94 Lademacher, Horst; Die nördlichen Rheinlande von der Rheinprovinz bis zur Bildung des Landschaftsverbandes Rheinland (1815-1953), in: Petri, Franz, Droege, Georg (Hrg.), Rheinische Geschichte, Band 2, 2. Auflage, Düsseldorf 1976, S.475-866

95 Langewiesche, Dieter, Schönhoven, Klaus (Hg.); Arbeiter in Deutschland. Studien zur Lebensweise der Arbeiterschaft im Zeitalter der Industrialisierung, Paderborn 1981

96 Lenger, Friedrich; Zwischen Kleinbürgertum und Proletariat: Studien zur Sozialgeschichte Düsseldorfer Handwerker 1816-1878, Göttingen 1986

97 Machtan, Lothar; Streiks und Aussperrungen im Deutschen Kaiserreich. Eine sozialgeschichtliche Dokumentation für die Jahre 1871 bis 1875, Berlin 1984

98 Marx, Karl, Engels, Friedrich; Marx Engels Werke (MEW), 1, 15. Aufl., Berlin 1988; MEW 19, 8. Aufl., Berlin 1982, MEW 31, 4. Aufl., Berlin 1986

99 Matzerath, Horst; Urbanisierung in Preußen 1815-1914, Stuttgart 1985

100 Mehring, Franz; Geschichte der Deutschen Sozialdemokratie, Bd.3 und Bd.4; 4. Aufl., Stuttgart 1909

101 Mottek, Hans; Zum Verlauf und zu einigen Hauptproblemen der industriellen Revolution in Deutschland, in: ders. (Hg.), Studien zur Geschichte der industriellen Revolution in Deutschland, Berlin 1960, S. 11-63

102 Mottek, Hans; Wirtschaftsgeschichte Deutschlands, Bd. 2: Von der Zeit der Französischen Revolution bis zur Zeit der Bismarckschen Reichsgründung, Berlin 1971

103 Mottek, Hans, Becker, Walter, Schröter, Alfred; Wirtschaftsgeschichte Deutschlands, Bd. 3: Von der Zeit der Bismarckschen Reichsgründung 1871 bis zur Niederlage des faschistischen deutschen Imperialismus 1945, Berlin (Ost) 1975

104 Müller, Karl August (Hg.); Statistisches Jahrbuch für 1847, Leipzig 1848

105 Na'aman, Shlomo; Lassalle, Hannover 1970

106 Niethammer, Lutz u.a. (Hrg.); „Die Menschen machen ihre Geschichte nicht aus freien Stücken, aber sie machen sie selbst", 2. Aufl., Berlin/Bonn 1985

107 Obermann, Karl; Die Arbeitermigrationen in Deutschland im Prozeß der Industrialisierung und der Entstehung der Arbeiterklasse in der Zeit von der Gründung bis zur Auflösung des Deutschen Bundes (1815 bis 1867), in: Jahrbuch für Wirtschaftsgeschichte, Berlin 1972, I., S.135-181

108 Offermann,Toni; Arbeiterbewegung und liberales Bürgertum in Deutschland 1850-1863, Bonn 1979

109 Parent, Thomas, Im Kampf gegen eine „dreifache Koalition". Die Anfänge des Allgemeinen Deutschen Arbeitervereins in Köln 1863 – 1865, in GiK, 4, 1979, S.107-121.

110 Paul, Johann; Abwasserbeseitigung und Trinkwasserversorgung in Mülheim am Rhein zur Zeit der Hochindustrialisierung, in: Rechtsrheinisches Köln, 16, Köln 1990, S.39-76

111 Poerschke, Stephan; Die Entwicklung der Gewerbeaufsicht in Deutschland, 2. Aufl., Jena 1913

112 Pohl, Hans, u.a.; Die chemische Industrie in den Rheinlanden während der industriellen Revolution, Bd. 1: Die Farbenindustrie, Wiesbaden 1983

113 Porteck, Renate; Eisenbahnwagenbau und Waggonfabrik van der Zypen & Charlier zu Deutz, in: Rechtsrheinisches Köln, 9/10, Köln 1983/84, S.27-73

114 Prass, Ilse; Mülheim am Rhein. Stadtgeschichte in Straßennamen, Köln 1988

115 Protokoll des Vereinigungs-Congresses der Sozialdemokraten Deutschlands abgehalten zu Gotha, vom 22. bis 27. Mai 1875, Leipzig 1875

116 Protokoll über die Verhandlungen des Allgemeinen Deutschen sozial-demokratischen Arbeiterkongresses zu Eisenach am 7., 8. und 9. August, Leipzig 1869

117 Puppke, Ludwig; Sozialpolitik und soziale Anschauungen frühindustrieller Unternehmer in Rheinland-Westfalen (Schriften zur rheinisch-westfälischen Wirtschaftsgeschichte 13), Köln 1966

118 Reiberg, Ludger; Die Sozialtopographie Mülheims. Ein Beitrag zur Bevölkerungsgeschichte und Stadtentwicklung, Teil 1 (bis 1850), in Rechtsrheinisches Köln, 7, Köln 1981, S.53-119

119 Reiberg, Ludger; Die Sozialtopographie Mülheims. Ein Beitrag zur Bevölkerungsgeschichte und Stadtentwicklung, Teil 2 (1850-1939), in Rechtsrheinisches Köln, 8, Köln 1982, S.35-94

120 Repgen, Konrad; Märzbewegung und Maiwahlen des Revolutionsjahres 1848, Bonn 1955

121 Reuß, Hans-Jürgen; Die Vorläuferfirmen der Klöckner-Humboldt-Deutz AG von 1864 bis 1930, in: Rechtsrheinisches Köln, 2, Köln 1976, S.129-136

122 Riasanoff, N.; Briefe Lassalles an Dr. Moses Heß, in: Archiv für die Geschichte des Sozialismus und der Arbeiterbewegung, 3, 1913

123 Ringel, Hermann; Die bergische Wirtschaft zwischen 1790 und 1860, Opladen 1966

124 Ritter, Gerhard A., Tenfelde, Klaus; Arbeiter im Deutschen Kaiserreich 1871 bis 1914, Bonn 1992

125 Ritter, Hermann; Alte rheinische Fabrikantenfamilien und ihre Industrien, Köln 1920

126 Rosenberg, Hans; Große Depression und Bismarckzeit, Berlin 1967

127 Schieder, Wolfgang; Die Rolle der deutschen Arbeiter in der Revolution von 1848/49, in: Klötzer, Wolfgang u.a. (Hg.); Ideen und Strukturen der deutschen Revolution 1848, Frankfurt am Main 1974

128 Schilling, Konrad (Hg.); Quellen zur Geschichte Kölns in der Neuzeit, 1794-1918, Köln 1960

129 Schindlmayr-Reyle, Jutta; Die Arbeiterbewegung in der Rheinprovinz 1850 - 1862, Diss.masch.schr., Köln 1969

130 Schlumbohm, Jürgen; Produktionsverhältnisse - Produktivkräfte - Krisen in der Proto-Industrialisierung, in: Kriedte, Peter, Medick, Hans, Schlumbohm, Jürgen (Hg.); Industrialisierung vor der Industrialisierung, Göttingen 1977, S.194-257

131 Schmidt, Franz; Politische Entwicklung, in: Bachem, Julius (Hg.); Zur Jahrhundertfeier der Vereinigung der Rheinlande mit Preußen, Köln 1915, S.29-73

132 Schmidt, Klaus; Gerechtigkeit - das Brot des Volkes. Johanna und Gottfried Kinkel. Eine Biographie, Stuttgart 1996

133 Schneider, H.R.; Bürgerliche Vereinsbestrebungen, Bonn 1967

134 Schröder, Wilhelm Heinz; Arbeitergeschichte und Arbeiterbewegung. Industriearbeit und Organisationsverhalten im 19. und frühen 20. Jahrhundert, Frankfurt 1978

135 Schröter, Alfred; Die Entstehung der deutschen Maschinenbauindustrie in der ersten Hälfte des 19. Jahrhunderts, in: Schröter, Alfred, Becker, Walter; Die deutsche Maschinenbauindustrie in der industriellen Revolution, Berlin 1962, S.13-133

136 Seeling, Hans; Die Eisenhütten in Heerdt und Mülheim am Rhein (Schriften zur Rheinisch-Westfälischen Wirtschaftsgeschichte, Bd. 24), Köln 1972

137 Seyppel, Marcel; Die Demokratische Gesellschaft in Köln 1848/49, Köln 1991

138 Specht, Fritz, Schwabe, Paul; Die Reichstags-Wahlen von 1867 bis 1907, Berlin 1908

139 Stadt Cöln (Hg.); Die Stadt Cöln im 1. Jahrhundert unter Preußischer Herrschaft. 1815 bis 1915, Band I, 1. Teil, Cöln 1916

140 Stadt Cöln (Hg.); Die Stadt Cöln im 1. Jahrhundert unter Preußischer Herrschaft. 1815 bis 1915, Band I, 2. Teil, Cöln 1916

141 Steller, Paul; Die Kölner Industrie, Köln 1903

142 Tabellen und amtliche Nachrichten über den Preussischen Staat für das Jahr 1849, hrg v.d. statistischen Bureau zu Berlin, Bd. V, Berlin 1854; Bd. VI, Berlin 1855;

143 Tabellen und amtliche Nachrichten über den Preussischen Staat für das Jahr 1855, Berlin 1858

144 Tabellen und amtliche Nachrichten über den Preussischen Staat für das Jahr 1858, Berlin 1860

145 Tennstedt, Florian; Vom Proleten zum Industriearbeiter. Arbeiterbewegung und Sozialpolitik in Deutschland 1800-1914, Köln 1983

146 Thimme, Hermann; Geschichte der Firma Christoph Andreae in Mülheim am Rhein 1714-1914, Köln 1914

147 Thun, Alphons; Die Industrie am Niederrhein und ihre Arbeiter. Erster Theil. Die linksrheinische Textilindustrie, Leipzig 1879

148 Trapp, Martin; Untersuchungen zur Stadtentwicklung im rechtsrheinischen Köln. Die Bodenmobilität in den ländlichen Gemarkungen und ihre Auswirkungen auf die Siedlungsentwicklung, Diss.masch.schriftl., Köln 1980

149 Ulrich, Jochem; Industrie und Gesellschaft am Niederrhein. Soziale Entwicklungen im industriellen Umbruch. Die Anpassungskrise in der niederrheinischen Textilindustrie dargestellt am Gebiet der heutigen Stadt Viersen 1890-1913, Köln 1986

150 Valentin, Veit; Geschichte der deutschen Revolution von 1848-1849, Bd.2, Reprint, Weinheim u.a. 1998

151 Van Eyll, Klara; Wirtschaftsgeschichte Kölns vom Beginn der preußischen Zeit bis zur Reichsgründung, in: Zwei Jahrtausende Kölner Wirtschaft, Band 2: Vom 18. Jahrhundert bis zur Gegenwart, hrg. im Auftrag des Rheinisch-Westfälischen Wirtschaftsarchivs zu Köln, Köln 1975, S.163-266

152 V. d. Upwich, Hans; Die Geschichte und die Entwicklung der Rheinischen Samt- und Seidenindustrie, Krefeld o.D.

153 Von Borries, Kara; Das Puddelverfahren in Rheinland und Westfalen, volkswirtschaftlich betrachtet, Düsseldorf 1929

154 Von Uexküll, Gösta; Lassalle, Reinbek 1974

155 Von Viebahn, Georg; Statistik des zollvereinten nördlichen Deutschlands, 1. Teil, Berlin 1858; 2. Teil, Berlin 1862; 3. Teil, Berlin 1868

156 Walter, Gustav Adolf; Die geschichtliche Entwicklung der rheinischen Mineralfarben-Industrie vom Beginn des 19. Jahrhunderts bis zum Ausbruch des Weltkrieges. Ein Beitrag zur rheinischen Industriegeschichte, Essen 1922

157 Wefelmeier, H.J.: Die geschichtliche Entwicklung der Kölner Maschinenindustrie, Gummersbach 1932

158 Wehler, Hans-Ulrich; Deutsche Gesellschaftsgeschichte. 1815 bis 1845/49, München 1987

159 Wehler, Hans-Ulrich; Deutsche Gesellschaftsgeschichte. 1849 bis 1914, München 1995

160 Weinandy, Klaus; Die politischen Wahlen in den rechtsrheinischen Kreisen Sieg, Mülheim, Wipperfürth, Gummersbach und Waldbröl des Regierungsbezirkes Köln in der Zeit von 1848-1870, Diss. masch.schr., Bonn 1956

161 Wellmann, Georg; Industrialisierung und Eingemeindung. Der Weg zur Eingemeindung Mülheims nach Köln 1871-1914, Mag.Arbeit Neue Geschichte an der Univers. Köln, Köln 1996

162 Welskopp, Thomas; Klasse als Befindlichkeit, in: AfS, Bd. 38, 1998, S.301-336

163 Wieger, Hermann (Hg.); Handbuch von Köln, Köln 1925

164 Zieger, Hans; Die Wohlfahrtspflege der Industriebetriebe im Kölner Wirtschaftsraum von 1815 bis 1915, Köln 1956

Bildnachweis

Rheinisch-Westfälisches Wirtschaftsarchiv Köln (RWWA): Titelbild, S.26, S.57, S.61, S.72, S.104, S.107, S.110.

Rheinisches Bildarchiv Köln (RBA): S.19, S.22, S.108.

Archiv Werkstatt für Ortsgeschichte Köln-Brück e.V.: S.41.

Montanus; Der Bergische Eulenspiegel: S.43.

Privatarchiv Dr. Toni Offermann, Kall-Wallenthal: S.86.

Haupt- und Staatsarchiv Düsseldorf: S.97.

Namensregister

Die Arbeiterbewegung in den Rheinlanden

Eine Schriftenreihe, herausgegeben von Günter Bers, Fritz Bilz und Michael Klöcker

1 Günter Bers:
Die Kölner Sozialdemokratie im Jahre 1914
1974, 63 Seiten, DM 15,00
ISBN 3-88756-005-1

2 Michael Schneider:
Auf dem Weg in die Krise - Thesen und Materialien zum Ruhreisenstreit 1928/29 1974, 91 Seiten, DM 22.00
ISBN 3-88756-006-X

3 Hans-Joachim Kracht:
Organisation und Bildungsarbeit der Katholischen Gesellenvereine (1846-1864) 1975, 98 Seiten, DM 24,00
ISBN 3-88756-009-4

4 Günter Bers, Michael Klöcker:
Die sozialdemokratische Arbeiterbewegung im Kölner Raum 1890-1895
1976, 563 Seiten, DM 19,00 - [vergriffen]
ISBN 3-88756-010-8

5 Günter Bers:
Der Bezirk Mittelrhein/Saar der KPD im Jahre 1922
1975, 156 Seiten, DM 25,00
ISBN 3-88756-011-6

6 Michael Klöcker:
Die Sozialdemokratie im Regierungsbezirk Aachen vor dem 1. Weltkrieg. Funde und Befunde zur Wilhelminischen Ära unter besonderer Berücksichtigung der Vorkriegsjahre.
1977, 437 Seiten, DM 28,00
ISBN 3-88756-012-4

7 Ernst-Detlef Broch:
Katholische Arbeitervereine in der Stadt Köln 1890-1901
1977, 195 Seiten, DM 23,00
ISBN 3-88756-013-2

8 Günter Bers:
Arbeiterjugend im Rheinland - Erinnerungen von Wilhelm Reimes und Peter Trimborn
1978, 76 Seiten, DM 15,00
ISBN 3-88756-014-0

9 Ottmar Meuser:
Sozialdemokratische Arbeiterbildung in Köln vor dem 1. Weltkrieg
1979, 154 Seiten, DM 23,00
ISBN 3-88756-015-9

10 Heidemarie Kempkes:
Der christliche Textilarbeiterverband in Krefeld 1906-1914 - Analysen und Materialien zur lokalen Sozialgeschichte
1979, 122 Seiten, DM 21,00
ISBN 3-88756-016-7

11 Ulrich Klein, Klaus Scherer:
Bürgerräte gegen Arbeiterbewegung - Untersuchungen und Dokumente am Beispiel Elberfeld-Barmen 1918-1922
1976, 124 Seiten, DM 19,00
ISBN 3-88756-017-5

12 Günter Bers (Hrsg.):
Katholische Arbeitervereine im Raum Aachen 1903-1914 - Aufbau und Organisation des Aachener Bezirksverbandes im Spiegel seiner Delegiertenversammlungen
1979, 225 + 33 Seiten, DM 26,00
ISBN 3-88756-018-3

13 Detlef Josczok:
Die Entwicklung der sozialistischen Arbeiterbewegung in Düsseldorf während des 1. Weltkrieges
1981, 196 Seiten, DM 30,00
ISBN 3-88756-019-1

14 Annette Döpp:
Die Solinger Arbeiterbewegung 1918-1920
1981, 175 Seiten, DM 28,00
ISBN 3-88756-020-5

15 Günter Bers (Hrsg.):
"Rote Tage" im Rheinland. Demonstrationen des Roten Frontkämpfer-Bundes (RFB) im Gau Mittelrhein 1925-1928
1980, 232 Seiten, DM 30,00
ISBN 3-88756-022-1

16 Angelika Vorholz:
Sozialdemokratie und Frauen 1908-1914 in Düsseldorf
1982, 161 Seiten, DM 25,00
ISBN 3-88756-023-X

17 Günter Bers (Hrsg.):
Der I. Kongreß der Revolutionären Gewerkschafts-Opposition (RGO) im Bezirk Mittelrhein (Raum Aachen-Köln-Koblenz) im Jahre 1930
1982, 125 Seiten, DM 25,00
ISBN 3-88756-024-8

18 Rolf Kiefer:
Sozialdemokratische Arbeiterbewegung in der Stadt Neuss vom Sozialistengesetz bis zum Ersten Weltkrieg
1982, 159 Seiten, DM 24.-
ISBN 3-88756-025-6

19 Heinz Beyer:
Arbeit steht auf uns'rer Fahne und das Evangelium. Sozialer Protestantismus und bürgerlicher Antisozialismus in Wuppertal 1880-1914
1985, 452 Seiten u. 12 Abb., DM 26.-
ISBN 3-88756-026-4

20 Josef Bernhard Siebert:
Die Lage der Arbeiterschaft in der Rheinischen Braunkohlenindustrie. Nachdruck der Ausgabe Bonn 1910
1991, IV u. 252 Seiten, DM 34.-
ISBN 3-88756-028-0

21 Günter Bers (Bearb.):
Die Kommunistische Partei Deutschlands (KPD) im Raum Köln-Aachen gegen Ende der Weimarer Republik. Eine Dokumentation zum Jahr 1932.
1993, 235 Seiten, 18 Abb., DM 35.-
ISBN 3-88756-029-9

22 Norbert Schloßmacher (Hrsg.):
"Reichsfeinde" vor Gericht. Eine Dokumentation zum Geheimbundprozeß gegen Düsseldorfer Sozialdemokraten im Jahre 1888
1988, 245 Seiten u. 9 Abb., DM 28.-
ISBN 3-88756-027-2

23 Fritz Bilz:
Arbeit, Kampf und Tabaksqualm. Der Kölner Zigarrenarbeiter Peter Gerhard Röser 1814 - 1865.
1995, 162 Seiten, Abb., DM 21,-
ISBN 3-88756-030-2

24 **Fritz Bilz:**
Seidenweber im Umbruch. Industriearbeit und Arbeiterschaft in Mülheim/Rhein 1848-1878
2001, 160 Seiten, 15 Abb., DM 25,-
ISBN 3-88756-031-0